U0940399

How to be a Good

REPRESENTATIVE

OF WORKERS

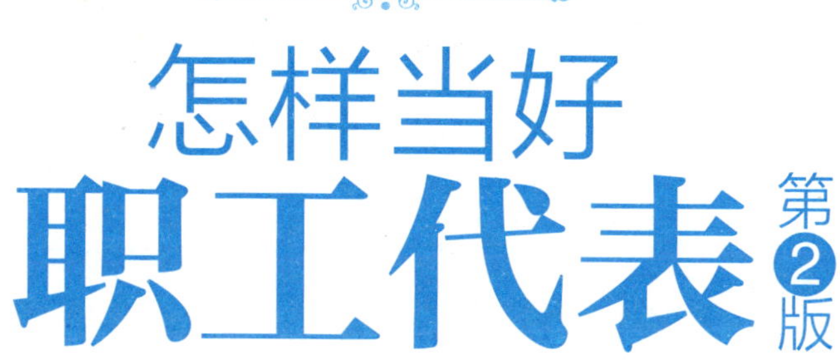

职工代表履职知识问答

王珍宝◎编著

中国工人出版社

图书在版编目（CIP）数据

怎样当好职工代表：职工代表履职知识问答 / 王珍宝编著. — 北京：中国工人出版社，2016.6

ISBN 978-7-5008-6430-1

Ⅰ.①怎… Ⅱ.①王… Ⅲ.①职工代表大会 – 工作 – 中国 – 干部培训 – 问题解答 Ⅳ.①D412.2-44

中国版本图书馆CIP数据核字(2016)第121602号

怎样当好职工代表——职工代表履职知识问答（第2版）

出 版 人	王娇萍
责任编辑	赵晨羽
责任校对	孙逦伟
责任印制	栾征宇
出版发行	中国工人出版社
地　　址	北京市东城区鼓楼外大街45号　邮编：100120
网　　址	http://www.wp-china.com
电　　话	（010）62005043（总编室）（010）62005039（印制管理中心） （010）82075935（工会与劳动关系分社）
发行热线	（010）62033018　62004002　62005996　（010）82081553（传真）
经　　销	各地书店
印　　刷	北京市密东印刷有限公司
开　　本	700毫米×1000毫米　1/16
印　　张	13.25
字　　数	210千字
版　　次	2019年5月第2版　2021年11月第4次印刷
定　　价	36.00元

本书如有破损、缺页、装订错误，请与本社印制管理中心联系更换

一、企事业单位民主管理基础知识

二、职工代表的角色定位与素质能力要求

三、职工代表履职工作方法与技巧

四、企事业单位工会与职工代表履职保障

五、相关法律法规及规范性文件

企事业单位民主管理基础知识

1. 什么是企事业单位民主管理?

企事业单位民主管理是指企事业单位职工依照有关法律、法规和政策规定，参与企事业单位决策、管理和监督，企事业单位的经营管理者尊重、支持和保证职工行使知情权、参与权、表达权、监督权等民主权利的有组织的制度性、规范性活动。

企事业单位民主管理的主体是企事业单位的职工，涵盖了企事业单位经营管理人员、技术人员和一线工人。企事业单位民主管理旨在通过建立一定的制度并设置相应的职权，来保证职工参与企事业单位的决策、管理和监督的有效实现；与此同时，还必须建立健全与制度相配套的切实可行的运行程序，以充分反映和切实表达职工的真实意见与建议。企事业单位民主管理的关键是职工参与企事业单位经营管理、维护职工合法权益，使企事业单位科学管理或专业管理获得广泛的群众基础，而非直接地实施管理或代替专业管理。

2. 企事业单位为什么要实行民主管理?

（1）企事业单位实行民主管理，是法律法规所规定的必须承担的法定责任。我国《工会法》《劳动法》《劳动合同法》《公司法》《学校教职工代表大会规定》《企业民主管理规定》等法律、法规和各种政策性文件都要求企事业单位实行民主管理。这些是企事业单位必须履行的法定义务。

（2）企事业单位实行民主管理，是实行科学管理、发展和完善中国特色企业管理制度的应有之义。职工参与企业管理是现代企业社会化大生产的客观要求，企业管理是专业管理和民主管理的统一，民主管理是企业管理的有机组成部分。劳动者参与企业的经营管理有助于培养富有责任心和团队精神的职工队伍，可以调动职工为企业发展贡献智慧和力量的积极性，在实现企业目标的同时，实现职工自身价值。因此，推动依靠职工办企业，是企业经营管理和生存发展的客观需要。

(3) 企事业单位实行民主管理，是加强基层民主政治建设的重要途径。在企事业单位中推进民主管理制度建设，尊重和保障职工的知情权、表达权、决策权和监督权，引导职工有序地参与，体现了我国基层民主政治建设中党的领导、人民当家做主和依法治国的有机统一，是发展社会主义基层民主的一项制度性安排，是基层实现人民当家做主的最直接实践。

(4) 企事业单位实行民主管理，是维护职工合法权益、发展和谐劳动关系的制度保障。建立和谐劳动关系的关键，是建立和完善劳资平衡的机制与制度，实现劳动标准和利益分配的合法、合理，而实现这一目标的有效途径，就是建立并不断完善以职代会为基本形式的民主管理制度，推行厂务公开，实行民主管理。企事业单位实行民主管理，通过合法有序的途径，引导职工群众以理性合法的形式充分表达自己的愿望和利益诉求，通过职代会等民主方式审议单位生产经营管理和涉及职工切身利益的重要事项，监督其执行国家法律政策，有利于维护职工合法权益，妥善处理各种利益矛盾，做到在共建中共享，在共享中共建，促进劳动关系和谐与社会的稳定发展。

3. 企事业单位民主管理有哪些主要任务?

(1) 推动企事业单位民主决策、科学管理。企事业单位要想在激烈的市场竞争中长久健康发展，离不开科学的管理和决策。企事业单位民主管理的一个重要任务，就是使企事业单位经营管理者在对生产发展或管理作出决策前及时听取职工群众的意见和建议，对有益于单位发展的建议积极采纳，从而保证企事业单位决策更加民主、科学、全面。

（2）维护职工合法权益，促进劳动关系和谐稳定。社会主义市场经济体制的确立和进一步完善，使得企事业单位中各利益主体身份日益明晰，作为劳动关系一方的职工的利益诉求，要通过一定的民主程序和相应的制度与载体得到充分表达和有效维护。另外，劳资矛盾是众多社会矛盾中的一个方面，劳资矛盾的解决需要沟通协调机制。企事业单位民主管理的任务就是建立劳资双方的沟通协调机制和平台，寻找劳资双方关系的平稳点和劳资利益的共同点，既维护好职工的合法权益，又推动建立规范有序、公正合理、和谐稳定、互利共赢的劳动关系。

（3）调动职工群众积极性和创造性。资本和劳动是企事业单位的两大支柱，如何调动劳动者的积极性和创造性，为单位发展献计出力，是企事业单位面临的问题之一。企事业单位民主管理的任务就是尊重和落实职工的主人翁地位，让职工享有知情权、建议权、决定权、监督权，极大地激发出广大职工群众当家做主的责任感和使命感，调动广大职工的工作积极性和创造性，促进企事业单位的健康快速发展，同时，职工也能够从企事业单位发展中获得更多的利益，实现劳资双赢。

4. 企事业单位开展民主管理有哪些法律依据？

我国《宪法》《劳动法》《劳动合同法》《工会法》《公司法》等法律法规在制定或修订过程中，均明确提出，企事业单位要通过职工代表大会或其他形式实行民主管理。

《宪法》第 2 条规定：“人民依照法律规定，通过各种途径和形式，管理国家事务，管理经济和文化事业，管理社会事务。”第 16 条规定：“国有企业依照法律规定，通过职工代表大会和其他形式，实行民主管理。”第 17 条规定：“集体经济组织实行民主管理，依照法律规定选举和罢免管理人员、决定经营管理的重大问题。”《劳动法》第 8 条规定：“劳动者依照法律规定，通过职工大会、职工代表大会或者其他形式，参与民主管理或者就保护劳动者合法权益与用人单位进行平等协商。”《工会法》第 6 条规定：“工会依照法律规定通过职工代表大会或者其他形式，组织职工参与本单位的民主决策、民主管理和民主监督。”《公司法》第 18 条规定：“公司依照宪法和有关法律的规定，通过职工代表大会或者其他形式，实行民主管理。”《企业法》第 11 条规定：“企业工会组织职工参加民主管理和民主监督”，并对职工代表大会的性质、内容、职权作出了规定。《劳动合同法》第 4 条规定：“用人单位在制定、修改或者决定有关劳动报酬、工作时间、休息休假、劳动安全卫生、保险福利、职工培训、劳动纪律以及劳动定额管理等直接涉及劳动者切身利益的规章制度或者重大事项时，应当经职工代表大会或者全体职工讨论，提出方案和意见，与工会或者职工代表平等协商确定。”第 51 条规定：“企业职工一方与用人单位通过平等协商，可以就劳动报酬、工作时间、休息休假、劳动安全卫生、保险福利等事项订立集体合同。集体合同草案应当提交职工代表大会或者全体职工讨论通过。”《企业破产法》《教育法》等法律法规对企事业单位民主管理都作出了相应的规定。各地依据国家法律法规相继制定的企业民主管理条例、职工代表大会条例、厂务公开条例等地方法规进一步明确了企事业单位民主管理的形式、内容和实施要求等，在推进和规范企事业单位民主管理中发挥了重要作用。

此外，2012 年 2 月，中央纪委、中央组织部、国务院国资委、监察部、全国总工会、全国工商联联合下发的《企业民主管理规定》，为全国规范推进企业民主管理工作提供了强有力的规范性依据和重要政策支持。

5. 我国企事业单位民主管理经历了怎样的发展历程？

（1）新中国成立之前的企业民主管理。在新中国成立前的“苏区”、根据地、解放区，企业民主管理形式经历了从“三人团”和工人大会，到初步创立工厂管理委员会和职工代表会议制度的发展过程。我们党在创建革命根据地以后，开始有了自己的工厂，这些工厂实行与国民党统治区的工厂不同的管理办法和制度，形成了早期的民主管理制度。比较有代表性的就是“三人团”和工人大会制度。1934 年 4 月，《苏维埃国家工厂管理条例》《苏维埃国家工厂支部工作条例》确立了工人大会这种民主管理的制度。“三人团”由厂长、党支部书记和工会委员长组成，工厂生产中发生的许多问题必须经过“三人团”会议研究决定。这一民主管理方式，主要是通过工会来实现。工会参加“三人团”，反映工人的意见并参与企业管理。同时，工会负责召开工人大会，讨论生产计划，收集职工的意见和建议。抗日战争后期，企业的民主管理制度有了一些变化，曾经用厂务会议代替“三人团”，但党中央和陕甘宁边区政府强调，厂长的管理不能取消工厂的民主管理。这一时期，苏区的私营工厂也通过私营企业的工厂委员会和店铺委员会组织职工进行民主监督。

抗日战争胜利后，解放区扩大到一些大中城市。1946 年 5 月，中共中央在《关于工矿企业政策的指示》中，正式推广工厂委员会制度。工厂委员会由厂长、工程师、其他生产负责人和工会主席组成，讨论并决定有关企业管理和生产中的各种问题。1949 年 5 月，华北解放区召开职工代表大会，正式强调所有工厂要建立工厂管理委员会和职工代表会议制度。同年 8 月，华北人民政府作出了《关于在国营工业企业中建立工厂管理委员会和职工代表会议制度的决定》，文件对工厂管理委员会和职工代表会议的性质、任务、组织与职权作出了规定，从而正式确立了职工代表会议制度。而私营企业则通过“工人生产维持委员会”

“增产节约委员会”“劳资协商会议”等形式实行民主管理。

（2）新中国成立后到改革开放前的企业民主管理。这个时期企业民主管理的特点是，职工代表大会制度正式形成，企业民主管理工作经历了曲折发展的过程。1950 年 2 月，中央人民政府政务院财政经济委员会发出《关于国营、公营工厂建立工厂管理委员会的指示》，标志着华北解放区将建立工厂管理委员会和职工代表会议制度推动为全国性统一执行的政策。中央对这种企业民主管理制度非常重视，要求“所有的公营工厂，应一律组织工厂委员会和职工代表会议制度”。此后，全国工厂委员会和职工代表会议制度建设得到了巨大的推动。1953 年后，由于推行“一长制”，企业民主管理一度削弱。

1957 年，中共中央在《关于处理罢工罢课的指示》和《关于研究有关工人阶级的几个重要问题的通知》中，提出建立党委领导下的职工代表大会制度，并明确了职工代表大会的职权。职工代表大会制度较职工代表会议制度有了新的发展：一是代表实行常任制；二是扩大了权力，由原来的咨询和监督性组织成为职工参与管理、监督行政的权力机关；三是明确了大会闭会期间，工会作为其常设机构主持日常工作。1958 年后，在“左”的思想的干扰下，这一制度受到冲击。在“十年动乱”中，党委领导下的厂长负责制和职工代表大会制度被企业革命委员会所取代，企业民主管理制度荡然无存。

（3）改革开放以来的企业民主管理。这个时期的企业民主管理从拨乱反正、恢复职工代表大会制度，到适应改革开放的需要不断巩固发展，日益发挥着重要作用，取得了巨大的成效。“文化大革命”结束后的最初几年，国民经济百废待举，企业民主管理处在缓慢的恢复之中。直到 1981 年，中共中央、国务院颁发了《国营工业企业职工代表大会暂行条例》，明确我国企业的领导制度是实行党委领导下的厂长负责制和党委领导下的职工代表大会制度；1984 年以后，随着经济体制改革的深入发展，我国企业开始实行厂长负责制。1986 年 9 月，中共中央、国务院正式颁发了包括《全民所有制工业企业职工代表大会条例》在内的“三个条例”，全民所有制企业普遍实行厂长负责制，同时建立职工代表大会制度。1988年4月，《企业法》颁布实施，第一次通过国家立法形式，对以职工代表大会为基本形式的企业民主管理的性质、内容、职权作了明确的规定，从而使我国的企业民主管理走上法制化和规范化轨道。此后几年，以职工代表大会为基本形式的企业民主管理迅速得到恢复和发展。

随着社会主义市场经济体制的逐步确立，许多国有企业开始进行改革改制，建立现代企业制度；与此同时，非公有制经济迅速发展。由于社会各方对企业是否实行民主管理、以什么方式进行民主管理的认识不同，在很大程度上削弱了企业民主管理制度。因此，企业民主管理遇到了新的挑战和发展契机。随后制定和修改的《劳动法》《工会法》《公司法》《劳动合同法》等法律法规，以及相应的政策文件都突破了所有制界限，都对企业建立职工代表大会和实行民主管理作出了相关规定。与此同时，广大职工群众在实践中创造了诸如厂务公开、职工董事、职工监事等新的民主管理制度，企业民主管理工作进入了一个全面发展的新时期。此外，教育部、卫生部、国家科委也在20世纪八九十年代下发文件，推进下属事业单位的职工代表大会建制工作。多年来，中央将以职工代表大会为基本形式的企事业单位民主管理制度作为基层民主政治建设的重要内容和制度来部署与推动，民主管理逐步从企业向事业单位延伸。

党的十八大报告明确指出：“全心全意依靠工人阶级，健全以职工代表大会为基本形式的企事业单位民主管理制度，保障职工参与管理和监督的民主权利。”党的十九大报告强调：“扩大人民有序政治参与，保证人民依法实行民主选举、民主协商、民主决策、民主管理、民主监督。”习近平总书记在2016年10月召开的全国国有企业党的建设工作会议上明确指出：“要健全以职工代表大会为基本形式的民主管理制度，推进厂务公开、业务公开，落实职工群众的知情权、参与权、表达权、监督权，充分调动工人阶级的积极性、主动性、创造性。”中国工会十七大报告也明确要求：“健全以职工代表大会为基本形式的企事业单位民主管理制度体系，进一步向非公有制企业拓展。”

当前，不同所有制企业和事业单位的职工代表大会、厂务公开制度和公司制企业职工董事、职工监事制度的建制工作，特别是非公有制企业建制工作取得了新的进展，人们对企事业单位民主管理的认识不断深化，实行民主管理的企事业单位数量也不断增加，而且民主管理制度的法制化、规范化建设也取得了新的成效。

6. 如何理解职代会是企事业单位实行民主管理的基本形式？

通常来说，企事业单位民主管理制度主要有：一是职代会制度。职代会是企事业单位实行民主管理的基本形式，有明确的法律地位和法定职权。二是厂务公开制度。厂务公开是指企事业单位依照有关法律法规规定，将与本单位发展和广大职工切身利益密切相关的事项，通过适当形式向广大职工公开，吸收广大职工参与决策、管理和监督的民主管理制度。厂务公开强调的是使职工知情，这是实现职工民主监督和管理的前提与重要环节，但厂务公开的实质是民主管理和民主监督，保障职工享有充分的民主权利。三是职工董事职工监事制度。根据《公司法》的规定，国有独资公司和两个以上国有企业或者两个以上国有投资主体设立的有限责任公司，应由职工民主选举一定数量的职工代表参加董事会，所有公司的监事会中都应有公司职工民主选举产生的一定数量的职工代表参加。四是平等协商集体合同制度。平等协商是指工会代表职工与用人单位就涉及职工合法权益的事项进行谈判的行为。通过平等协商缔结的书面协议就是集体合同。平等协商是集体合同的基础，集体合同是平等协商的结果。此外，还有职工民主管理委员会、民主议事会、劳资恳谈会等其他民主管理的重要形式和补充形式。

在上述民主管理制度中，职代会是企事业单位实行民主管理的基本形式，是民主管理制度体系中的基础和核心，是唯一一项能与其他民主管理形式产生交集的制度，起着统领作用，其他的形式是职代会制度的延伸、辅助、补充。如厂务公开以职代会为主要载体，是职代会行使职权的前提条件；职工董事职工监事要由职代会选举产生，并向职代会负责；集体合同草案必须经职代会讨论通过，这是集体合同生效的一个必经的法定程序；等等。其他民主管理形式，重点在于沟通协调，可以完善和充实职代会制度，并与职代会制度相辅相成，共同促进企事业单位完善管理。

职代会制度的优越性通常体现为：首先，它作为一种以职工全员参与为基础的“代议制”民主形式，通过职工选举代表，并与职工建立联系制度，成为反映民意、体现民主的主要平台，因而具有广泛的代表性；其次，职代会职权是法律赋予职工的民主权利，涉及职工参与企事业单位管理的各个方面，单位行政不能随意更改和任意剥夺，因而具有职权内容的法定性与全面性；再次，职代会具有完整的组织制度和工作制度，并把会议期间民主管理与闭会期间各项工作制度的运行有效对接，以及与企事业单位的经营管理、企业文化建设、其他民主管理制度等对接，最大限度发挥制度体系的优势，具有较强的操作性；最后，职代会以规范的民主程序确保各项议事内容的公正合理，并且职代会的决议决定是按照少数服从多数原则实现不同群体利益间的总体均衡，因而具有议事规则的规范性与法律效力的权威性。这些都是其他民主管理形式所不具备的。正因为如此，在长期实践和经验总结的基础上，《宪法》《劳动法》《工会法》《企业法》《公司法》《劳动合同法》等法律都赋予职代会制度中国特色企事业单位民主管理制度体系的主体地位，为职工行使民主权利提供了法律制度的有力保证。

7. 职代会是什么性质的组织机构？

《企业民主管理规定》第 3 条规定，职工代表大会（或职工大会）是职工行使民主管理权力的机构，是企业民主管理的基本形式。这一规

定表明，职代会制度是企业民主管理制度的一部分，是企业包括经营管理者在内的全体职工参加企业管理的制度，是广大职工依法享有的知情权、表达权、参与权、监督权，以及一定程度的选举权、决策权等民主管理权利得以落实的权力机构，是企业实行民主管理无可替代的基本形式。另根据《学校教职工代表大会规定》第 3 条规定，学校教职工代表大会是教职工依法参与学校民主管理和监督的基本形式。

基于以上职代会的定性，其内涵包括以下几个层面：①职代会是一个“行使权力”的机构，即法律赋予它在一定范围内可以决定有关事项的权力，而不只是一个空架子。这与权利不同，因为权利是法律规定的可以作为或不可以作为的一种许可，即依照法律享有利益的自由，而权力意味着具有强制力和支配作用。②职代会行使的权力，不是企业方的行政权力，而是民主管理的权力，主要表现在审议企业重大决策和维护职工合法权益等方面的权力。③职代会行使的民主管理权力是集体权力，是代表全体职工行使权力，而不是少数职工代表个人的权力。这就要求职代会在行使权力时，要充分实行民主原则，事先充分听取选区职工的意见。④在市场经济条件下，职代会是企业内部重要的劳动关系协调机制，通过利益表达与沟通协商，使不同利益诉求在规范有序的框架内进行协调，最终形成相对公正合理的利益格局，维护企业劳动关系的和谐稳定。⑤职代会是企业民主管理的基本形式，尽管不是唯一形式，但却是最主要、最基础也是最核心的形式。

从职代会的组成、组织制度、工作制度等方面来看，从本质上来说，职代会制度是一种民主制度。它是以尊重职工的民主权利为基础，以职工的广泛参与为特征，以少数服从多数为原则，以集体协商为前提，以协调利益关系为核心，以规范的民主程序为保障，以审议企事业单位重大决策、监督行政领导、维护职工的合法权益为主要任务，以最终实现企事业单位与职工的共同发展为目标，充分体现了我国基层民主政治建设的深刻内涵和独特作用。尽管其他国家的企业内部有一些劳资沟通的民主制度，在保障员工权益、平衡劳资关系方面发挥了一定的作用，然而却没有类似于职代会的制度。所以，职代会制度是具有中国特色的企事业单位民主管理制度。

8. 职代会制度的作用体现在哪些方面？

（1）促进企事业单位发展的动力机制。由于职代会为广大职工参政议政搭建制度平台，能够充分调动职工的积极性、主动性和创造性，引导职工为企事业单位发展积极献计献策，共同推动企事业单位持续健康发展。这一动力机制作用具体体现在两个方面：一方面，在职代会上，职工代表通过对企事业单位发展规划、重大决策和劳动规章制度等事项行使审议建议权，能够充分调动职工的积极性、主动性，发挥职工的民主参与作用，促进企事业单位的科学管理和民主决策；另一方面，职代会还通过在职工中广泛开展合理化建议活动和提案征集活动，集聚职工的智慧力量，群策群力，共同推动企事业单位的发展。所以，职代会通过为广大职工参与管理提供平台，从而具有发动职工贡献聪明才智、促进企事业单位发展的功能。

（2）维护职工权益的保障机制。职代会作为民主制度，它首先保障的是职工的民主政治权利，然而更重要的是通过民主政治权利的保障去维护广大职工的合法与合理的劳动经济权益。比如，法律赋予职代会对企业的集体合同和各项专项集体协议以及国有、集体企业的薪酬福利制度、转改制过程中的职工安置补偿方案等涉及职工切身利益的重要事项行使审议通过权，而且这些方案或事项通常都是职工最关心、最直接、最现实的问题，职工代表在职代会上具有对这些方案或事项通过无记名方式投赞成票或否决票的权利，充分体现了职代会是保障职工合理合法权益的制度。另外，法律规定，企业在制定、修改涉及职工切身利益的相关规章制度时，应当提交职代会讨论审议，充分听取职工意见，这也在一定程度上有助于维护职工的劳动权益。

（3）企事业单位内部的利益协调机制。职代会制度的根本目的在于通过这一制度平台，组织引导职工正确反映诉求，实现利益表达方式的制度化和规范化。其实质是以制度机制协调利益关系，化解单位内部矛盾，防止随意侵犯职工合法权益，也防止无序或过度的利益诉求，把无序的纷争化为有序的协商，促进劳动关系的和谐稳定。比如提交职代会审议或表决的有关方案，尤其是涉及职工切身利益的相关事项，不能由企业单方面决定，必须经过规范的民主协商程序，并经过各代表团组的充分讨论，而且表决也是建立在协商和审议的基础上。与此同时，它还能兼顾投资者和职工利益，并协调企业内部不同职工群众利益矛盾，以少数服从多数为原则，有序化解利益矛盾，促进企业劳动关系的和谐稳定。所以说，职代会这一制度设计正是最大限度地发挥利益协调的平台作用，保证公平和正义，促进企业与职工建立“相互尊重、平等合作、共谋发展、共享成果”的和谐劳动关系。

（4）职工群众的监督制约机制。职代会是群众监督的重要载体之一。一方面，职代会能够对提案办理情况、审议通过的重要事项的落实情况、集体合同和专项集体协议的履行情况、企事业单位执行国家劳动法律法规情况等事项行使审查监督权；另一方面，职代会还能够对公司制企业中的职工董事和职工监事以及国有和集体企业的领导干部行使民主评议权。上述两项职权的行使，能够有效发挥职工群众的监督作用，以权利制约权力，有助于完善企事业单位内部的民主制度。此外，厂务公开也借助职代会这一平台，要求企事业单位在职代会上报告和公开有关事项，也在一定程度上推动了企事业单位的民主管理，并体现了职代会作为企事业单位内部的民主监督与权力制衡机制的作用。

9. 建立健全职代会制度的责任主体是谁？

《企业民主管理规定》第 3 条规定，企业应当按照合法、有序、公开、公正的原则，建立以职工代表大会为基本形式的民主管理制

度，实行厂务公开，推行民主管理。企业应当尊重和保障职工依法享有的知情权、参与权、表达权和监督权等民主权利，支持职工参加企业管理活动。由此可知，企业是职代会建制的责任主体，实行民主管理是企业的法定义务。另根据有关规定，事业单位同样如此。

职代会要正常运作和发挥作用，需要有工作机构具体组织、协调、运作、实施。工会作为职代会的工作机构是法律法规明确规定的。《工会法》《企业民主管理规定》等均明确规定，工会是职代会的工作机构，负责职代会的日常工作，检查、督促职代会决议的执行。这是因为，由工会承担职代会工作机构的职责合情合理。工会是职工权益的代表者和维护者，由工会担任职代会的工作机构，有利于工会有序地组织职工参与企事业单位民主管理，保障职工民主权利落到实处；有利于工会通过职代会制度平台，反映职工利益诉求，督促企事业单位在实现发展的同时兼顾职工利益，维护职工权益，实现企事业单位与职工的双赢。因此，由工会承担职代会工作机构的职责能够充分体现企事业单位民主管理的根本宗旨，也能确保职代会发挥其应有作用。

但是在具体操作中，由于工会负责职代会的日常工作，导致部分企事业单位的领导存在一种误区，认为建立健全职代会制度的责任主体是工会，因而对职代会的建立和运作漠不关心，不予支持，甚至变相阻挠；个别企事业单位的经营管理者将职代会能否顺利审议通过事项的压力直接强加于工会，而从未考虑审议通过事项自身的合理性。因此，需要特别强调工会仅是职代会的工作机构，职代会的建立和完善是企事业单位不可推卸的责任，企事业单位应当为职代会建立和规范运作提供必要的支持与保障。

职代会制度是企事业单位的民主管理制度，是单位诸多管理制度之一，因此，企事业单位理应为职代会的运作提供必要的支持，保障职代会的各项法定职权落到实处。具体来说，在实施职代会制度过程中，企事业单位应当履行好下列职责：①在思想认识上和实际行动上将建立健全职代会制度纳入企事业单位的管理制度。要主动把每年召开职代会的工作摆上本单位重要工作的议事日程，积极支持职代会闭会期间职工代表和有关民主管理专门委员会（小组）开展的日常民主管理活动。②向职代会作相关工作报告。企事业单位要注重完善单位经营管理信息的公开化，增强决策的透明度，要努力鼓励职工代表以主人翁的态度积极参与企事业单位的各项管理事务，为推进企事业单位的经营管理和决策的科学化、民主化建言献策，贡献聪明才智。③与工会协商制定提交职代会审议或审议通过事项的方案或草案。企事业单位要就提交职代会审议或审议通过事项的方案或草案，与工会进行充分的协商，认真听取采纳职工群众对方案或草案的意见和建议，维护职工的合理合法权益。④尊重职代会的意见和建议，责成本单位的有关职能部门认真落实职代会审议通过的重要事项和决议。企事业单位对职工代表在巡视检查中提出的整改意见，要责成本单位有关职能部门进行整改，对职代会确立的提案，要责成本单位有关职能部门认真办理落实。⑤为职代会制度的实施提供必要的人员、经费和物质的支持与保证。

10. 职代会有哪些职权？

通常来说，职代会具有五个方面的法定职权：

（1）审议建议权。也可以称作“听取和建议权”。这是指职代会对企事业单位重大决策进行审议，并提出意见和建议的权力。

（2）审议通过权。这是指职代会对有关职工切身利益的重大事项表示认可或否决的权力。它也可以称作“讨论通过权”，主要是指集体合同以及各项专项集体合同（协议）草案，必须经职代会讨论通过才能报送地方劳动行政部门。

（3）审议决定权。它是指职代会对职工生活福利方面的重大问题作出决定的权力。

（4）评议监督权。评议监督权即指职代会依法享有的评议、监督单位领导人员的权力；审查监督企事业单位依法经营管理、依法用工情况等。

（5）选举罢免权。这是指职代会依法享有的民主选举职工董事、职工监事等人员的权力。

需要特别说明的是，由于法律规定充分考虑了不同性质企事业单位的特点，因而上述五个方面的职代会职权，国有、集体及其控股企业、非公有制企业以及事业单位在执行中是有所不同的，通常法律对国有、集体及其控股企业职代会职权提出了更高的要求。

11. 职代会有哪些组织机构？

（1）职代会主席团。职代会主席团是职代会会议期间的组织领导机构。它的主要职责是：①主持召开职代会，领导大会期间的各项活动，处理大会期间发生的问题；②听取和综合各职工代表团（组）对各项议题审议的意见，审议通过大会议程；③组织各代表团（组）审议列入大会议程的议案；④决定各代表团和代表在会议期间提出的罢免案、质询案的审议程序；⑤研究大会议题中需要通过和决定的事项，草拟大会决议；⑥主持选举；⑦处理大会期间发生的其他问题。

（2）职代会专门委员会（小组）。职代会专门委员会（小组）为职代会依法行使职权服务的专门工作机构，隶属职代会，对职代会负责，其日常活动由企事业单位工会委员会负责组织。

职代会专门委员会（小组）的机构设置，通常根据职代会行使职权内容和实际需要。规模较大的单位，一般设立生产经营、规章制度、薪酬福利、提案工作、民主评议等专门委员会（小组）。规模较小的单位可设立一个综合性的民主管理专门委员会（小组）。

职代会专门委员会（小组）负责人由职工代表担任，专门委员会（小组）成员也可以聘请熟悉相关业务的非职工代表的普通职工。

专门委员会（小组）的主要工作职责是：审议提交职代会的有关议案；在职代会闭会期间，根据职代会的授权，审定属本专门委员会（小组）分工范围内需要临时决定的问题，并向职代会报告予以确认；检查、督促有关部门贯彻执行职代会决议和提案的处理；办理职代会交办的其他事项。

（3）职代会联席会议。职代会联席会议是在职代会闭会期间，根据职代会授权，为解决临时需要职代会审议或审查的某些重要问题而实行的工作形式。职代会联席会议协商讨论解决的属于职代会职权范围的问题，必须提请下一次职代会确认。

职代会联席会议由企事业单位工会负责召集，由职工代表团（组）长、职代会专门委员会（小组）负责人组成，还可以根据会议内容邀请单位领导人员或其他有关人员参加。

12. 职代会有哪些基本规则?

（1）职代会每届任期为三年至五年。具体任期由职代会根据本单位的实际情况确定。

（2）职代会每年至少召开一次会议。职代会必须有全体职工代表三分之二以上出席，方可召开。

（3）提交职代会审议和审议表决的有关材料，应当在会议召开七日前，以书面形式送达职工代表。

（4）职代会选举和表决相关事项，必须按照少数服从多数的原则，经全体职工代表的过半数通过。对重要事项的表决，应当采用无记名投票的方式分项表决。

（5）职代会在其职权范围内依法审议通过的决议和事项具有约束力，非经职代会同意不得变更或撤销。企事业单位应当提请职代会审议、通过、决定的事项，未按照法定程序审议、通过或者决定的无效。

13. 职代会的会议流程是怎样的？

（1）会议筹备。企事业单位和工会协商确定会议议题与议程；企事业单位和工会协调相关职能部门起草提交大会审议和审议表决的相关材料；工会组织职工代表的选举、撤换、补选；做好大会的其他相关事项。

（2）职工代表团（组）讨论。职工代表团（组）应当组织职工代表讨论，由工会及时汇总整理职工代表团（组）的意见和建议。职工代表对涉及职工切身利益的重要事项意见分歧较大的，由企事业单位和工会根据职工代表意见进行协商修改后，提交职代会再次审议。

需要特别说明的是，职工代表团（组）讨论环节在不同企事业单位的操作过程中，时间顺序会有所不同。在国有企业和事业单位的传统做法中，整个职代会的会议周期通常较长，分团（组）讨论环节是在正式会议期间进行。现在部分单位是非公企业，职代会召开时间只有一天甚至半天，而且预备会议仅仅是在正式会议召开前的一个前奏程序，那么分团（组）讨论环节可安排在预备会议之前进行。

（3）预备会议。职代会召开前，企事业单位应当召开预备会议。预备会议由企事业单位工会组织召集，工会主席主持。预备会议的主要议程为：①审议职代会筹备工作情况报告；②审议职工代表资格审查情况报告；③审议通过职代会表决办法；④审议通过职代会主席团成员名单；⑤审议通过职代会议题和议程；⑥审议或审议通过其他有关事项。

（4）正式会议。职代会正式会议由主席团推选的主持人主持。工作人员清点出席本次会议的职工代表人数，并向大会主持人报告。出席会议的职工代表达到全体代表数的三分之二以上，方可以召开会议。正式会议的一般议程为：①会议主持人报告本次职代会代表出席情况，确认职代会召开有效，宣布大会开始；②听取需要提交职代会审议或审议通过的有关工作报告，以及涉及职工切身利益事项方案或草案的情况说明和上次职代会决议、提案与集体合同履行、处理、落实情况的报告；③听取需要接受职代会民主评议人员的述职、述廉报告；④审议讨论有关报告、方案或草案。职工代表应当充分表达意愿和诉求，提出意见和建议；⑤审议通过有关方案或草案；⑥对有关人员进行民主选举；⑦对有关人员进行民主测评；⑧形成决议，大会总结。

（5）会后工作。企事业单位应当在职代会闭会后，向全体职工公布职代会审议通过的事项和决议。企事业单位工会及时汇总整理相关材料，形成职代会文书档案。

14. 职代会有哪些工作制度？

（1）职代会的会议制度。如职工代表选举制度、职代会预备会议制度、代表团（组）长会议制度、主席团会议制度、职代会全体会议制度、代表团（组）长和专门委员会（小组）联席会议制度、专门委员会（小组）会议制度等。

（2）职代会提案制度。如提案征集制度、提案审查制度、提案反馈制度等。

（3）职代会选举表决制度。如职工代表的选举规则，程序事项的表决规则，重大事项的表决规则，职工代表的辞职、罢免规则。

（4）调查研究制度。调查研究制度即围绕企事业单位各个时期的中心工作以及生产经营管理和职工生活中的重大问题，有目的地进行调查研究的制度。

（5）职工代表巡视、检查等监督制度。此即对职代会决议的贯彻和提案落实的情况，以及职代会各专门委员会（小组）活动，部门（车间）、班组日常民主管理活动进行定期检查的制度。

（6）职代会的质量评估制度。其目的是通过评估，以便及时发现问题，找出差距，帮助整改，提高职代会运行质量。

（7）接待职工群众制度。接待职工群众制度即由企事业单位党政工领导和部分职工代表轮流，定期或不定期地接待职工群众来访的制度，以便及时了解职工群众的愿望和要求。

（8）职工代表质询、恳谈制度。此即企事业单位建立定期和不定期的领导干部与职工代表协商恳谈制度。

（9）职工代表培训制度。此即根据需要，对职工代表进行民主管理知识和企事业单位管理常识的入门教育、专题培训、定期轮训的制度。其目的是提高职工代表的素质和参与能力，以提高职代会的功效。

（10）职工代表述职与激励制度。

（11）职工代表申诉、保护制度。

（12）职代会工作机构的工作制度和职代会工作档案管理制度等。

15. 企事业单位工会作为职代会的工作机构履行哪些职责？ 

根据法律规定，工会委员会作为职代会的工作机构，负责职代会的日常工作，应当履行好组织选举、征集提案、筹备会议、拟议名单、报告工作、监督检查、受理投诉、宣传培训、档案管理等职责。具体来说包括：

（1）提出职代会代表选举方案，组织职工选举职工代表和代表团（组）长。

（2）征集职工代表提案，提出职代会议题的建议。

（3）负责职代会会议的筹备和组织工作，提出职代会的议程建议。

（4）提出职代会主席团组成方案和组成人员建议名单；提出专门委员会（小组）的设立方案和组成人员建议名单。

（5）向职代会报告职代会决议的执行情况和职代会提案的办理情况、厂务公开的实行情况等。

（6）在职代会闭会期间，负责组织专门委员会（小组）和职工代表就职代会决议的执行情况与职代会提案的办理情况、厂务公开的实行情况等，开展巡视、检查、质询等监督活动。

（7）受理职工代表的申诉和建议，维护职工代表的合法权益。

（8）向职工进行民主管理的宣传教育，组织职工代表开展学习和培训，提高职工代表素质。

（9）建立和管理职代会工作档案。

16. 如何理解工会与职代会的关系？

根据《工会法》的规定，工会是职工自愿结合的群众组织，维护职工的合法权益是工会的基本职责，会员代表大会是工会的最高权力机构。另根据《中国工会章程》的规定，工会会员大会或者会员代表大会的职权是：①审议和批准工会基层委员会的工作报告；②审议和批准工会基层委员会的经费收支情况报告和经费审查委员会的工作报告；③选举工会基层委员会和经费审查委员会；④撤换或者罢免其所选举的代表或者工会委员会组成人员；⑤讨论决定工会工作的重大问题。工会基层组织的会员大会或者会员代表大会，每年至少召开一次。

工会基层委员会的基本任务是：①执行会员大会或者会员代表大会的决议和上级工会的决定，主持基层工会的日常工作。②代表和组织职工依照法律规定，通过职工代表大会、厂务公开和其他形式，参加本单位民主管理和民主监督，在公司制企业落实职工董事、职工监事制度。企业、事业单位工会委员会是职工代表大会工作机构，负责职工代表大会的日常工作，检查、督促职工代表大会决议的执行。③参与协调劳动关系和调解劳动争议，与企业、事业单位行政方面建立协商制度，协商解决涉及职工切身利益的问题。帮助和指导职工与企业、事业单位行政方面签订和履行劳动合同，代表职工与企业、事业单位行政方面签订集体合同或者其他专项协议，并监督执行。④组织职工开展劳动和技能竞赛、合理化建议、技能培训、技术革新和技术协作等活动，培育工匠人才，总结推广先进经验。做好劳动模范和先进生产（工作）者的评选、表彰、培养与管理服务工作。⑤加强对职工的思想政治引领和教育，开展法治宣传教育，重视人文关系和心理疏导，鼓励支持职工学习文化科学技术和管理知识，开展健康的文化体育活动。推进企业文化、职工文化建设，办好工会文化、教育、体育事业。⑥监督有关法律、法规的贯彻执行。协助和督促行政方面做好工资、安全生产职业病防治和社会保险等方面的工作，推动落实职工福利待遇办好职工集体福利事业，改善职工生活，对困难职工开展帮扶。依法参与生产安全事故和职业病危害的调查处理。⑦维护女职工的特殊利益，同歧视、虐待、摧残、迫害女职工的现象做斗争。⑧搞好工会组织建设，健全民主制度和民主生活。建立和发展工会积极分子队伍。做好会员的发展、接收、教育和会籍管理工作。加强职工之家建设。⑨收好、管好、用好工会经费，管理好工会资产和工会的企业、事业。

如前所述，职代会是企事业单位实行民主管理的基本形式，是职工行使民主管理权力的机构，具有法定的五项职权。因而，职代会与工会在组织性质、职权任务等方面都不尽相同。但是，两者在发展生产、促进管理、监督单位行政领导和维护职工合法权益等方面的任务是相同的。另外，工会与职代会的不同之处还有：一方面，不是所有的职工都是工会会员，职代会的代表是从全体职工中选举产生的，工代会是从全体会员中选举产生的，非会员不能当选为工代会代表；另一方面，工会所代表的利益与企事业单位的利益并不完全一致，特别是工会解决问题的方式方法与职代会有很大不同，企事业单位工会主要是与行政交涉、协商，而职代会则是少数服从多数的票决制。尽管如此，企事业单位工会与职代会依然有着极其密切的联系。根据法律规定，职代会的工作机构是企事业单位的工会委员会，负责职代会的日常工作。

职工代表的角色定位与素质能力要求

17. 职工代表是指哪些人？ 

职工代表是指企事业单位依照有关法律法规和规定经过一定的民主程序选举产生的，代表选区职工群众参加职代会，行使民主管理权利，参与企事业单位管理的职工。职工代表是职代会的基本组成要素，是职代会的实际参加者，职代会权力的直接行使者，也是职代会的主体，是确保职代会质量和做好企事业单位民主管理工作的基础。

需要特别说明的是，职工代表一词在不同的场合，有着不同的所指对象，如在有些场合下，存在指定或挑选一部分职工作为职工群众的代表，也称为“职工代表”。但本书所指的职工代表特指职代会的参与主体，即职代会代表，有些单位也称为“职代表”。

18. 职工代表有哪些特性？ 

（1）坚实的群众性。职工代表首先是本单位职工群众的一员，即不论其在单位中担当何种职务，都同样是本单位职工这一点是毫无疑义的，而且职工代表都是经过选区职工群众充分酝酿、民主选举产生的，且普通职工的比例应占职工代表总数的半数以上，这说明职工代表具有坚实的群众基础。

（2）广泛的代表性。职工代表是由企事业单位中各方面的人员构成的，包括了生产工人、管理人员、技术人员和领导干部等方面的代表；职工代表又是代表职工参与企事业单位管理的，因此他在代表职工行使民主管理权利时，必须充分代表和反映职工群众的意愿与要求，切实维护职工群众的经济、政治和文化权益。因此，无论是从职工代表的身份构成上看，还是从职工代表的地位和履行职责上看，他都具有广泛的代表性。

（3）充分的民主性。职工代表是按法律法规和有关规定经职工群众充分讨论酝酿并按一定的民主程序选举产生的，又是通过职代会这种企事业单位民主管理基本形式，代表职工行使民主管理权利，参与企事业单位民主管理的，因而不论从其产生程序、履职方式还是内容看，都充分体现了职工代表的民主性。

（4）地位的法定性。职工代表是依照法律法规和有关规定合法产生的，反映和代表职工群众的愿望要求，帮助企事业单位作出各方面的正确决策，从而通过维护职工群众合法权益来推动企事业单位的和谐与发展。因此其地位和权利、义务的履行均受到法律保护，同时职工代表行使权利、履行义务也必须按照法律法规和有关规定进行。

19. 职工代表的角色定位是什么？

（1）职工的委托人。职代会是一种代议制民主制度，由全体职工选出一部分职工代表参加。职工在企事业单位内的参政议政，行使民主管理权利，主要是通过他们选举的职工代表，参与企事业单位经营管理，在职代会和其他的民主管理活动中得到实现。从产生程序来看，职工代表是由职工直接选举产生，是受选区职工委托参加职代会的。委托的背后是选区职工对他的信任和期望，是职工的代言人，职工权益的代表者。所以，当选的职工代表在参加职代会等民主管理活动的过程中，肩负着代表职工群众行使民主管理权利的责任和义务，应代表全体职工行使参与权利，反映利益诉求，这是全体职工代表应尽的基本责任。

（2）企事业单位的参谋人。市场经济条件下，企事业单位在严峻的生产形势和竞争压力下，要求得生存和发展，离不开正确的决策，尤其需要集体的智慧和力量。职代会是企事业单位实行民主管理的基本形式，是收集民意、凝聚力量以及职工参与决策管理的重要平台，对企事业单位的生存和发展起着举足轻重的作用。职工代表是推进企事业单位民主管理的重要力量，不仅代表职工的利益，传民意，也代表着职工的智慧，是职工的代言人、企事业单位决策的参谋，企事业发展的促进者。职工代表应充分发挥“智囊团”作用，给所在单位领导在决策上献忠言、出良策。因此，职工代表应该清醒地认识到自己所肩负的神圣职责和光荣使命，要围绕企事业单位改革发展的难点问题出谋划策，围绕经营管理的焦点问题集思广益，从提高参与决策管理的能力入手，切实履行职责，真正发挥职代会促进企事业单位和职工共同发展的作用。

（3）企事业单位和职工之间的桥梁。由于职工代表是代表选区职工参与企事业单位管理，他一头连接选区职工，另一头连接企事业单位，因而在职工群众和企事业单位之间还承担了中介人的角色，起着上传下达的连接作用。一方面，职工代表要切实做到下情上报工作，要如实地反映职工群众的意见和要求，通过各种民主管理渠道，及时地向上级工会和有关部门汇报，反映到有关领导、有关部门和职代会有关文件决议中去。另一方面，职工代表还要把职代会的决议决定宣传贯彻到职工群众中去，努力做企事业单位发展规划、规章制度、年度计划的“宣传机”，对职工群众不清楚的问题做好解释工作。在日常工作中，职工代表要以自己的实际行动和影响，带动职工群众贯彻落实职代会的决议和决定。职工代表要切实发挥好这种桥梁纽带作用，对选举自己的职工负责，充分表达和维护职工的合法权益以及单位的整体利益，努力做企事业单位管理者与职工利益协调的“润滑剂”，成为单位发展的“助推器”，使上下一心，协力奋进，共促发展。

20. 职工代表的权利、义务有哪些？

职工代表要履行自己的职责，发挥应有的作用，必须给予相应的权利，明确应尽的义务，这是职工代表行使民主管理权利的重要依据。职工代表应该知晓自己依法享有的权利和应尽的义务，这有利于增强职工代表履职的意识。

（1）职工代表的权利。权利是指法律对法律关系主体做出或不做出一定行为，并要求他人做出或者不做出一定行为的许可和保障，是权利人依法享有的某种权力和利益。职工代表是由选区职工按照民主程序选举产生的，负有代表选举单位全体职工参与企事业单位民主管理、行使民主管理权利的重要责任和使命。为保证职工代表发挥作用，必须赋予其相应的权利。根据相关规定，职工代表享有下列权利：

一是在职代会上有选举权、被选举权和表决权。职工代表的选举权和被选举权，主要是指有权利选举和有权利当选为职工代表团（组）长、职代会专门委员会（小组）成员、职代会主席团成员、公司制企业的职工董事、职工监事等。表决权是指在职代会的各种会议上对各项决议、议案行使、表达自己的真实意愿，进行投票、参与决策的权利。

二是参加职代会及其工作机构组织的民主管理活动。职工代表有权参加职代会的各项会议，以及职代会组织的各项活动，在会议上享有发言权，可以充分表达自己的意见建议，提出各种工作建议，包括职代会的提案建议。

三是对单位领导人员进行评议和质询。职工代表有权对单位领导人员提出批评意见；在职代会上提出质询，要求相关人员予以回答；有权参加对领导人员的民主评议。职工代表的这项权利也表明，单位各级行政领导人员，有接受评议、质询并认真作出回答的义务。

四是在职代会闭会期间对单位执行职代会决议情况进行监督、检查。包括提议并参加调研、巡视、检查等活动。这是职工代表的监督权利，但应在职代会及其工作机构的组织下进行，不是职工代表个人的随意行为，而行政一方有义务接受检查。

（2）职工代表的义务。职工代表的义务是指职工代表应当履行一定的行为尺度，是当好职工代表的基础，是职工代表承担的法律责任。职工代表必须严格要求自己，知晓对职工代表的基本要求，在推进企事业单位民主管理中积极发挥作用。根据相关规定，职工代表应当履行下列义务：

一是遵守法律法规、单位规章制度，提高自身素质，积极参与企事业单位民主管理。职工代表要赢得职工群众的信任，代表选区职工行使好民主参与权利，不仅要带头遵守国家法律法规和单位的各项规章制度，支持单位正常的生产经营管理活动，还要不断加强学习，努力提高自身素质，增强参与民主管理的能力，履行好代表职责，尤其要以实际行动影响和带动职工群众，团结广大职工为企事业单位的发展献计出力。

二是依法履行职工代表职责，听取职工对单位生产经营管理等方面的意见和建议，以及涉及职工切身利益问题的意见和要求，并客观真实地向有关方面反映。职工代表必须与职工群众保持密切的联系，注意听取和收集职工群众的意见与建议，通过多种形式和渠道，及时如实地向单位或工会反映职工群众的心声和利益诉求。

三是参加职代会组织的各项活动，执行职代会通过的决议，完成职代会交办的工作。职代会闭会后，职工代表不仅要带头执行职代会决议，还要起到上情下达的作用，积极向职工群众宣传职代会决议和审议通过的有关事项，引导职工群众共同遵守和执行，维护职代会的严肃性。职工代表还应认真做好职代会交办的各项工作，参与日常民主管理的各项活动，如参加职工代表巡视检查，积极参加并带动职工参加立功竞赛、合理化建议等活动。

四是向选举单位的职工报告参加职代会活动和履行职责情况，接受职工的评议和监督。职工代表由职工民主选举产生，应当对选区职工负责。职工代表有义务向选区职工通报参加职代会活动和履行职责的情况，接受职工的评议监督。选区内的职工可以对职工履职情况进行评议，有权对不履行或无法履行代表职责的职工代表提出撤免建议。

五是保守商业秘密和与知识产权相关的保密事项。职工代表对在履职过程中获悉的有关商业秘密，要严格保守，维护单位利益和外部形象。

（3）正确处理权利和义务之间的关系。职工代表的权利与义务是紧密相连的，相互依存，不可分割。具体来说，职工代表的权利和义务具有以下三个基本特性。

一是职工代表的权利和义务具有严肃性。职工代表的权利和义务是国家法律规定的，它体现了职工在单位中的地位和作用。职工代表的权利和义务同职代会的职权密切相关。职工代表必须在法律、法规和制度规定的范围内进行活动，任何人都不能限制职工代表依法行使权利和义务。对职工代表行使职权、履行义务进行阻挠、打击、报复的，均属违法行为。

二是职工代表的权利和义务具有现实性。职工代表的权利和义务，是从我国企事业单位的现实情况出发，以企事业单位民主管理的实践为依据制定的，具有现实可行性。职工代表认真行使自己的权利，履行应尽的义务，是保障职工群众的合法权益，并调动、保护和发挥好广大职工的积极性，促进企事业单位发展的需要。

三是职工代表的权利和义务具有对等性。职工代表所享有的权利与应履行的义务是辩证统一的两个方面，没有无义务的权利，也没有无权利的义务。如职工代表应全面真实地反映和代表职工群众的意愿，既是行使的权利，也是应尽的义务。作为一名职工代表，不但要依照法律、法规和制度的规定，正确行使自己的权利，还必须以高度负责的精神，完成职工群众委以的重任。只强调职工代表的义务而不保障其权利的正常行使，或者只强调权利而不承担应尽的义务，这两种倾向都是不可取的。只有把行使权利和履行义务两者统一起来，既享受权利又履行义务，才能更好地发挥职工代表应有的作用。

21. 职工代表的具体工作职责有哪些？

职工代表的主要职责就是代表和反映职工们的意见与要求，一般是通过参加职代会和日常的民主管理活动来履行自己的职责。具体来说，这主要体现在以下几个方面：

（1）要密切联系群众，经常征求和注意收集职工群众的意见与要求，并能正确反映职工群众的呼声和要求，及时向工会反映。

（2）要收集职工群众的意见，发动职工群众就企事业单位生产经营管理等方面多提提案，提好提案，促进单位和职工的共同发展。

（3）积极参加职代会及闭会期间的各项活动，认真代表职工群众参与巡视检查工作，发现问题，及时对单位行政领导进行民主质询。

（4）认真学习党和国家的方针、政策、法律、法规，自觉履行职代会的各项决定决议的落实，不但要做好本职工作，更要做职工群众的楷模。

通常来说，职工代表是否认真履行了应尽的职责，作用发挥得怎样，对能否开好职代会、发挥职代会制度实效、搞好企事业单位民主管理有着直接的影响。

22. 职工代表需具备哪些基本素质？

职工代表的素质如何，不仅直接关系到职工代表能不能发挥应有的作用，而且关系到企事业单位民主管理水平的提高和制度的发展，关系到企事业单位的和谐与发展。职工代表的基本素质是一个多方面的综合体，它主要包括以下几个方面：

（1）政治素质。职工代表的主要职责是代表职工群众参与企事业单位管理，这一职责决定了职工代表必须具备较高的政治素质。这是因为，职工代表只有具备了较高的政治素质，才能保持坚定正确的政治方向，才能从党和国家的方针政策、企事业单位发展和职工利益相统一的高度去看待问题，从而确立大局意识、责任意识和参与意识，才能游刃有余地做好自己的工作。

职工代表要努力提高自身的政治素质，坚定理想信念，增强政治意识，以高度的主人翁使命感和责任感，真正代表广大职工群众行使好自己手中的民主权利。党的方针政策和国家的法律法规，是职工代表行使民主管理权利的基本依据。职工代表在审议单位重大决策、审查重要规章制度、审定生活福利重要事项，以及参与干部评议等工作中，都必须认真贯彻执行党的方针政策和国家有关规定，否则，就可能偏离正确的方向。因此，职工代表在努力提高政治理论素质的同时，还必须努力提高方针政策水平。不仅要了解时事政治，而且要对党和国家的方针政策、相关的法律法规有一定了解，要努力开阔视野、转变观念，使自己的政治素质与思想认识跟上社会发展的步伐，适应不断发展的新形势、新要求。要善于学习、理解和掌握党和国家的路线方针政策，并学会把党和国家的方针政策与规定，同职工群众的意见要求结合起来，使职代会的各项决议、决定既符合党和国家的方针政策与规定，又切合单位的实际，符合职工要求。

（2）思想道德素质。思想道德素质在人的整体素质构成中，占有非常重要的地位，在每个人的成才中都起着导向、动力保证作用。通常认为，一个人要具备良好的思想道德素质，首先，要有正确的是非观念或是非标准，这主要是指崇尚真、善、美。其次，勇于坚持真理，要为真理而献身。最后，要有敬业精神和责任心，对理想目标要坚定信念。

职工代表是职工选举出来的，一般来说，他们具有一定的群众基础，在职工群众中具有一定的威信和影响力。而要获得选区职工群众的信任，通常需要职工代表具有良好的思想道德素质。对职工代表的思想道德素质要求，须特别强调以下几点：①道德良好，行为端正；②爱岗敬业，诚实守信；③办事公道，光明磊落；④关心集体，责任心强；⑤工作认真，乐于助人。

作为职工代表，要不断提升自己的思想道德素质，努力争做遵纪守法的模范，学习工作的模范，搞好民主管理的模范，这样才能代表群众，得到群众的信任和拥护，从而树立起威信，更好地发挥联系职工群众、组织职工群众和落实职工群众民主权利的作用。如果职工代表的思想道德素质不高，在职工群众中起不了表率和带头作用，就谈不上在职工群众中树立起威信和发挥自身影响力，也不能很好地履职和发挥作用。

（3）科学文化素质。现代科技与社会的发展，更多的是依靠科技创新及其成果的推广应用，而这又是靠有一定科学技术知识的人去从事和掌握。职工代表要在参与企事业单位的现代化管理中发挥作用，就必须具备较高的科学文化素质。职工代表也只有知识面宽广，才能有效地参与企事业单位管理，并产生比较好的效果。

职工代表要提高自己的科学文化素质，就要树立正确的学习态度和学习兴趣，把学习当成自己的第一需要，不断提高和丰富自身的科技文化知识。职工代表要发扬钉子精神，即使工作再忙，也要挤出时间多学习，努力掌握现代科技知识与文化知识，“多读书、好读书、读好书”，用知识武装自己的头脑，努力提升个人素养。

（4）心理素质。随着社会变革的深入，生活节奏的加快，以及竞争的日益激烈，每个人都必须面对现实，因而也必然要承受一定的心理压力，要努力适应社会环境，学会自我调适，提高心理素质。

作为职工代表，要履行好自己的职责，必须具备健康的心理素质。一是要有良好的自我意识。要有自知之明与自爱之心，学会对自己既要看到优点，更应注意缺点，不可自以为是。二是生活要有目标，并有乐观的生活态度，积极的进取精神。以微笑的目光、平静的心态去看待一切，建立健康、愉快、丰富的生活模式。三是要学会做人，培养良好的人际关系。在考虑自己利益的时候，也要充分考虑到别人的利益，努力做一个重形象、有教养、不树敌之人，做一个为人正直、受人崇敬、人格健全的人。四是要有较强的情绪控制能力。注意尊重他人，严于律己，宽以待人，遇事多和大家商量，尤其要克服主观、急躁、任性的个性缺点。要学会管理自己的不良情绪，尤其在面对职工的责难或质询时，要努力调整自己的情绪，加强自我克制，避免矛盾激化。五是要增强心理承受能力。职代会是一个不同利益群体博弈并努力达成共识的平台，职工代表作为选区职工利益的代言人，当自己代表选区职工诉求的意见不被有关方面接受时，要能够坦然地面对，避免产生过大的心理压力。

23. 职工代表需学习哪些方面的专业知识？

职工代表在履行职责时，需要具有一定的专业知识，这不仅是指参与企事业单位管理的相应专业知识，也包括需要掌握劳动法律法规和民主管理的基础性知识。职工代表必须不断加强学习，努力掌握好必要的专业知识。

（1）劳动法律法规基本知识。任何企事业单位都要贯彻和执行国家与地方政府制定的劳动法律法规及相应政策规定。职工代表要带头学法、用法、守法，在法律法规的范围内活动。职工代表主要应了解以下内容：《宪法》《工会法》《公司法》《企业民主管理规定》等法律法规中关于职工民主管理的规定；《民法》《劳动法》《劳动合同法》《社会保险法》《职业病防治法》《安全生产法》《集体合同规定》，以及诸如有关厂务公开、职工退休管理、工伤和失业保险等法规关于劳动者合法权益的规定；中央政府或地方政府关于合理化建议和技术改进奖励条例、质量管理小组的规定、企业职工奖惩条例和有关行业颁发的条例等。

（2）民主管理和职代会基本知识。作为企事业单位民主管理制度的参与者和监督者，职工代表还要了解和掌握企事业单位民主管理的基本理论，当前有关民主管理制度的具体规定、特点，以及各单位民主管理制度的具体要求，等等，否则无法把握民主的本质与要求。与此同时，随着现代管理科学的发展，民主管理的方法和手段也不断进步。职工代表还要通过学习，掌握先进的、科学的民主管理的理念及其手段和方法，推动企事业单位民主管理健康发展。

（3）本职业务和企事业单位管理知识。职工代表在参与企事业单位管理的过程中，要说内行话，参到点子上，就应该熟知相应的企事业单位管理知识。否则，在审议企事业单位重大决策时，职工代表就没有发言权，或者即使发言也说不到点子上，提不出有分量的建设性意见，失去审议的意义，更无法有效地参与、表达、决策和监督。与此同时，职工代表也只有不断提高自身的业务素质，不断适应新形势、新变化，通过发挥自身的专业技术能力，提出有针对性、有价值的建议，为单位的发展出谋划策，才能更好地发挥职工代表作为企事业单位发展参谋的作用。因而，职工代表应该具有一定的业务知识，懂生产、善管理，最好能精通相应岗位业务，是生产、经营、技术等方面的行家里手。

职工代表由于受客观条件的限制，一般不可能了解整个单位的生产经营管理情况，熟悉各种专业管理知识。但作为职工代表，应该努力学习和掌握一些企事业单位的生产经营与管理基础知识，比如企业的计划管理、技术管理、财务管理、劳动工资管理、物资管理、营销管理等方面的知识。要学会读懂企业生产经营报告，只有更好地理解报告所包含的内容，才能了解企业的生产经营情况，从而更好地结合企业实际情况，参与企业管理，履行维护职工权益的职责。对企业的职工代表而言，要了解和掌握企业的产品品种、产品发展方向、主要生产流程以及企业的生产发展基础、职工教育培训基金的来源和使用范围等情况。只有这样，职工代表在参加审议重大问题时，才能提出有针对性的建议，职工代表参与管理的重要性和作用才能受到更多的重视，建议被采纳的把握性也就更大。反过来，职工代表参与民主管理的重要性和作用受到更多的重视，就更能激发职工代表参与管理、为单位的发展献计献策的热情，从而在劳动关系的发展中形成良性互动。

24. 职工代表需树立哪些岗位意识？

职工代表在履职过程中，需要培育和树立相应的岗位意识，才能更

好地履行代表的职责，为代表作用的充分发挥奠定坚实的基础。

(1) 法治意识。我国已经提出了依法治国、建设社会主义法治国家的目标，推动全社会树立法治意识是建设法治国家的基础性工程。这需要所有组织和国民树立权利与义务对等、利益与责任并存的法治思维，增强全社会厉行法治的积极性和主动性，形成守法光荣、违法可耻的社会氛围，使全体人民都成为社会主义法治的忠实崇尚者、自觉遵守者、坚定捍卫者。

职工代表作为职工群众中的先进分子和行为榜样，在国家法治建设过程中，要以身作则，不仅仅要知悉法律条文，还要自觉做尊法的模范，带头尊崇法治、敬畏法律；做学法的模范，带头了解法律、掌握法律；做守法的模范，带头遵纪守法、捍卫法治；做用法的模范，养成遇事找法、解决问题用法、化解矛盾靠法的行为习惯，带头厉行法治、依法办事；对各种危害法治、破坏法治、践踏法治的行为，要挺身而出、坚决斗争，切实维护法律的尊严和权威，努力做推动法治国家与法治社会建设的推动者、实践者。在参加职代会的各项活动中，职工代表一定要把自己的言行自觉地、经常地与法律所赋予的权利和义务对对标准、找找差距，严格依照法律行使职权、规范行为、承担责任。

(2) 正义意识。维护社会的公平正义不仅需要政府的引导和法律法规的约束，更需要社会上每个人的积极参与。这就要求我们每个人都要有正义感。作为职工代表，更需要培育个人追求正义、伸张正义的道德意识和行为，处理事情合情合理，公道平等，刚直坦率，不偏袒，不营私。

具体来说，要努力成为一个有社会正义感的人：第一，要为人正直。为人正直是做人最基本的品德，是有正义感的基础。第二，把尊重和遵守制度、规则与程序，当作自己行为的习惯。要树立以自觉遵守各项社会制度和规则为荣的意识，养成自觉遵守各项社会制度和规则的良好习惯，以实际行动维护正义。有很多人的正义感只表现在口头上，当要付诸行动时却只把别人排在其中，把自己排除在外。比如有的人平时一说起社会上的一些不义的人和事都义愤填膺，但见到不义的人和事特别是危害人民生命财产安全的人和事时却无动于衷，甚至只要尽举手之劳就能使别人摆脱困境却不愿意伸出援助之手。维护社会的公平正义，人人都是参与者、实践者。有正义感，最主要的是要体现在自身的行动上，时刻都要以正义为标准来规范自己的一言一行，有所为，有所不为。第三，要鄙视非正义行为，仗义执言。当遇到非正义行为发生时，对实施非正义行为的人要进行积极的劝说和制止，必要时以自己的勇敢和机智同非正义行为作斗争。当然，这必须以事实为根据，以法律道德为准绳，大张旗鼓地支持和声援正义的人和事，反对和声讨非正义的人和事。

（3）责任意识。这主要是指职工代表要增强代表意识和责任感。职工代表是受选区职工群众的委托参加企事业单位民主管理，行使民主权利，努力反映和表达职工群众的意愿与要求，这是他应尽的责任。作为职工群众的代言人，职工代表在参加各项活动时，要对职工群众负责，要敢于如实、全面地表达和反映职工群众的意见与要求。

当然，职工代表只有出于自愿，才能真正热爱这项工作，才能做好代言人。假如职工代表没有强烈的责任意识，那很难胜任履行好代表职责这项工作。作为职工代表，应树立代表职工充分行使权利的观念和积极履行代表义务的意识，努力提高思想觉悟，在参加民主管理和完成各项工作任务中，把职工代表作为神圣的使命，而不是个人的权利和荣誉，尽心尽力地履行职责，真正把单位的事情、选区职工群众的事情当作自己的事情来办。既要看到当代表光荣的一面，也要看到自己肩负着保障职工利益、促进企事业单位发展的使命。不能把自己当上代表归功于领导和组织的关心与信任而只为上级负责，应该更多考虑如何向职工负责，如何充分代表职工的利益和意志。

通常来说，新时期的职工代表身份，更多体现的是一种责任、一份义务，而非一份权利或一种荣誉。职工代表在职工心中具有公信力、感召力、凝聚力，所以才能当选职工代表。信任同时也是一种期盼和责任，职工代表应自觉树立责任意识，珍惜手中的机会、权利，履行好代表的职责和义务，而不是把职工代表简单看作一种荣誉称号，坐会、听会。要时刻保持同广大职工的密切联系，了解、掌握职工最关心、最需要解决的现实问题，做到“代”有基础，“表”为众需，最大限度地赢得职工群众的信赖与支持。

此外，职工代表由于是兼职性的身份，这就要求职工代表必须有奉献精神，在本职工作之外，积极履行好代表职责，力争通过努力，使自己成为称职乃至优秀的职工代表，成为选区职工的真正代言人。职工代表要有良好的工作作风，要淡泊名利，不谋私利，甘于奉献，服务职工。要具有联系职工、代表职工和服务职工的工作热情，与选区职工多沟通、多交流，同他们交心、交友、交情，倾听职工群众的呼声和诉求。

（4）团队意识。团队意识指整体配合意识，体现为团队的协作精神，是一种为达到既定目标所显现出来的自愿合作和协同努力的精神。团队精神的基础是尊重个人的兴趣和成就，核心是协同合作，最高境界是全体成员的向心力、凝聚力，反映的是个体利益和整体利益的统一，并进而保证组织的高效率运转。它有几种具体的表现：一是团队意识表现为某个整体的一种集体力。如果团队合作是出于自觉自愿时，它必将产生一股强大而且持久的力量，即 1 + 1 > 2 的结合力，或叫“系统效应”。二是团队意识表现为组织全体成员的向心力、凝聚力，“心往一处想，劲往一处使”，真正把自己看成是组织的一部分。三是归属感。以自己作为某个组织的一员而自豪，并以此作为自身价值实现的依托和归宿。

职代会是一个民主协商的平台，职代会制度实效的发挥需要全体职工代表有整体观和团队合作意识。团队成员间相互依存、同舟共济、互相敬重、彼此宽容和尊重个性的差异；在工作中既要注意个人能力的发挥，又要注重整体配合。彼此间形成一种信任的关系，待人真诚、遵守承诺，相互帮助和共同提高，共享利益和成就，共担责任。如根据规定，职代会的提案需要一名提案人和两名附议人共同提出。尽管提案人起着关键性的作用，但两名附议人作为该提案团队的成员，也是必需的，因为一份高质量的提案尤其是提案的对策建议部分要提出具有可行性的问题解决措施，需要团队全体成员的集体智慧和力量，共同分析讨论。每个职工代表应培养一种团结共事的能力，要学会分享工作和生活经验，加强彼此间的情感交流与联谊，在相互协作中实现“双赢”或“多赢”。

（5）大局意识。大局意识就是善于从全局高度、用长远眼光观察形势，分析问题，正确认识和把握大局，自觉地在顾全大局的前提下做好本职工作。在涉及局部与全局、个人与整体、当前与长远的利益时作出正确选择，始终以国家和单位的整体利益为重。从一定意义上说，大局意识体现的是跳出一时一事、一地一己的局限，正确处理局部与全局、个人与整体、当前与长远的利益关系。

职代会追求的目标是企事业单位与职工的双赢，实现共同发展。这就要求每个职工代表一定要树立履行代表职责、为企事业单位和谐稳定发展服务的大局意识，必须胸襟开阔、立足大局，能够正确分析和处理国家、单位、职工三者利益的关系，尤其是单位内局部利益和整体利益的关系，根本利益和具体利益的关系，长远利益和眼前利益的关系，在重大问题上要出于公心，以单位发展和职工群众整体利益为重。职工代表在参与民主管理和坚决执行民主管理工作制度规定的过程中，一定要严格按照规定程序进行，首先要在法律、法规和制度规定的范围内进行活动，通过职代会，接受党的路线、方针、政策、法律、法规知识的教育；在会后认真执行职代会的决议，做好职代会交给的各项工作。此外，职工代表应积极发挥参谋和桥梁作用，从单位大局中找准方位，扮好角色，发挥特色，围绕单位生产经营和管理中心任务，创造性地开展各项活动，把广大职工的积极性、智慧和创造力发挥出来，促进生产经营和管理任务的完成。如从企业管理、运行方面，组织动员职工开展合理化建议活动，发动员工围绕企业发展、提质降耗、节能减排、安全卫生等方面献计献策，将群众的智慧和力量凝聚成集体发展的强大动力。

（6）学习意识。当今社会知识更新不断加快，职工代表只有树立学习进取意识，与时俱进，持续拓宽知识面，不断提高自己的业务素质和工作能力，才能在参与民主管理时赢得话语权，在维护职工权益时赢得主动权。因而要不断增强能力危机感和学习紧迫感，树立终身学习的理念，把学习业务、提升能力作为履行职责的第一需要、第一责任、第一担当。既要学习政治法律知识，也要学习科技文化知识、民主管理业务知识，同时还要在工作实践中多总结、多思考，不断提升履责能力和履责效果。

需要特别注意的是，由于职工代表不是专职的，既要做好本职工作，又要参加代表活动，因而要养成一种充分利用业余时间抓紧学习的良好习惯，努力提高学习兴趣；寻求好的学习方法，提高学习效率。要在学习中开阔眼界，开拓思维，增长知识，增长才干。

25. 职工代表需培养哪些专业能力？

能力素质是职工代表最主要、最具体的内在条件，它直接、具体地关系到职工代表参与企事业单位管理的成功或失败、卓越或平庸，当然也具体关系到整个单位民主管理的水平和职工利益实现。没有较强的能力素质，就不可能有较强的工作能力，就不能胜任职工代表的职责，当然也就做不好职工代表的工作。职工代表应该重视自身参政议政能力的培养和提高。

（1）调研分析能力。调查研究是职工代表的基本功。职工代表反映职工群众意见建议很好的途径，就是先通过调查研究，获得民意和职工的价值取向，便于准确客观地向工会或单位有关部门表达群众的意愿和诉求，帮助领导科学决策或改善管理。作为一名职工代表，对问题没有调查就没有发言权，只有深入职工中搞好基础性的调研，才能征求到民意或找出解决问题的办法。职工代表要善做调查研究，既要了解党和国家的方针政策、法律法规，又要熟悉本单位的实际，掌握职工群众的脉搏，通晓他们的要求和愿望，并努力使二者相结合，提出各方面都能接受的意见和建议。

职工代表要提高调研能力，就要心系职工、情系职工，经常深入职工中，了解职工所思、所想、所急、所盼，一方面准确掌握第一手材料，及时准确地反映职工的意愿，更好地代表和维护广大职工的合法权益；另一方面也便于把职工中有价值的真知灼见集中起来，把蕴含在群众中的智慧和才干挖掘出来，从而发挥好企事业单位参谋人的角色。

此外，在调查的基础上，职工代表还要努力提高分析能力，对单位远景规划、改革举措，生产任务与工作目标，职工反映的热点、难点问题，能进行科学的分析归纳，形成较客观的意见，并在思考中选好独特的工作角度，提出新思路、新观点，以便有效地提出意见建议，或形成高质量的提案。

（2）代言参与能力。职工代表是职工群众的代言人，参与企事业单位民主管理不是个人利益和个人意志的参与，而是代表选区职工，通过参与民主管理实现企事业单位和职工的共同发展。职工代表既要密切联系选区职工，更要代表他们有序参政，做好上传下达工作。要努力提高参与能力，在关键时刻能参得上、议得出。

为此，职工代表要努力培养两种能力：一是综合能力，职工代表不是职工诉求的二传手，不是把来自职工的诉求照抄照搬，而是要善于把职工普遍关心的合法、合规、合理诉求加以综合归纳后反馈给单位领导和有关职能部门。二是诉求能力，职工代表要学习和运用诉求文字语言和肢体表达语言，善于把握正确的时机和有效载体，反映职工的诉求。

具体来说，职工代表在参与企事业单位民主管理工作中，要做到有理有节，尤其是涉及职工切身利益的问题上，要能充分说理，有较强的说服力。同时，职工代表还要充分尊重单位党政领导，学习他们的优点和长处，在相互沟通理解过程中，使其感受到职工代表也是他们工作的支持者、协助者，并最终达成合作共识。

(3) 沟通协调能力。职工代表的最大特点是广泛联系职工群众，既要反映职工群众的愿望和要求，替职工说话办事，又要通过积极有效的工作，把单位的政策转化为群众的自觉行动，这一桥梁纽带作用决定了职工代表协调能力的重要性。

职工代表要加强组织协调能力的实践锻炼，要推动企事业单位关爱职工，引导职工关心企事业单位的发展，促进社会与单位和谐。一是要动员、组织、凝聚广大职工积极投身企事业单位的发展建设，推进单位发展各项决策和举措的顺利实施；二是要加强与各方面的联系和协调，如与单位领导和有关职能部门的协调和沟通，与选区职工的协调和沟通，积极协调处理劳动关系和涉及职工群众利益的各种复杂问题和矛盾，寻求妥善解决问题、化解矛盾的办法，避免和减少职工与单位之间的不和谐因素，从而发挥好职工代表协调和沟通单位与职工关系的桥梁纽带作用。

(4) 语言表达能力。良好的语言表达是成功的阶梯和基础。职工代表要努力提高表达能力，既能够把职工建议带上来，也能把职代会精神带回去；既能把职工的意愿通过自己的语言表达出来，也能把职代会精神和决定带到职工中去，以求上下达成共识，形成合力。职工代表在履行职责时，要努力做到会言、敢言和善言。

一要会言。在职代会召开之前，职工代表要提前做好各方面准备。广泛听取各方面意见建议，注重收集整理平时职工反映较多的问题。引导职工积极参与单位民主管理，对班组建设、目标管理、绩效考核和用工分配制度等提出有建设性的意见建议。同时，针对有关工作及时向职工做好解释引导工作，尽量把各种矛盾解决在基层，促进单位和谐发展。

二要敢言。有的职工代表担心得罪人，存在不敢说的现象。在一些涉及职工切身利益的热点问题上，部分职工代表不能将职工的合理化建议及时反映上去。这会使广大职工对职工代表逐渐失去信任，甚至产生抵触情绪，影响单位和谐稳定。掩盖问题只能应付一时，正确解决问题才是对单位和职工的未来负责。因此，职工代表要本着对单位和职工负责的态度，真实反映职工关注的热点和焦点问题，提交提案进行讨论，维护职工切身利益，营造民主管理的良好氛围。

三要善言。职工代表在发表意见和提交提案时，要注意工作方式方法。特别是在处理比较敏感的问题时，态度要诚恳委婉。要有全局意识，既要真实反映职工的愿望，维护职工利益，又要为单位的整体发展着想，营造和谐气氛，切忌偏激偏袒。在提出问题的同时，要积极指出存在的弊端和解决问题的方法，供大家参考与讨论分析，以便尽快解决问题。

此外，职工代表在表达观点时，需要注意以下几点：一是要学会当众讲话。在需要发言的场合，不论有没有可能轮到，都要做好充分的准备，以免被动。二是说话时自己心里要有把握，不要不懂装懂。在会上讲话要严谨，不要东拉西扯，任意发挥。三是说话时一定要把握分寸，冲动的时候尽量避免发言。四是要注意表达的方式。同样一个意见，表达方式不同，结果就不一样。比如有个盲人乞丐，在牌子上写了“我是盲人，请帮助我”，但是没有几个人给钱。有一天，一个路人经过，看到这种情况，就改了一下上面的字：今天天气很好，但是我看不见了。结果帮他的人就多了起来。

总之，职工代表要履行好职责、发挥好作用，需要有较高的素质和较强的能力。而且，随着职工对民主管理的期望与要求不断提高，职工代表必须不断提高自身的工作能力，提高工作实效。职工代表要在加强学习的同时，在实践中积累经验，不断提高自身的综合素质与履职能力，为推动企事业单位民主管理的发展与工作实效作出积极的贡献。

三 职工代表履职工作方法与技巧

26. 职工代表履职的工作原则有哪些？

（1）实事求是。职工代表在参加企事业单位民主管理的各项活动中，要牢记自己是职工群众的代表，是在代表职工群众行使民主管理的权利，自己的一言一行要对职工群众负责，不能以个人意见和见解来代替职工群众的意见。因此，要如实地、全面地表达和反映职工群众的意见与要求，坚持以事实为根据来说话。在表决时，以自己所代表的选区职工多数人的意见为准，不要盲目随波逐流，也不应害怕别人议论，敢于表达自己的意见。在宣传职代会的决定和精神时，要如实地传达职代会的决议和决定，力求做到传达不走样，不遗漏主要精神。要正确认识个人意见、部门意见与职代会决定的关系，注意不能因为个人意见、部门意见没有被采纳，就进行片面的宣传和解释。

（2）勇于代言。职工代表作为职工群众的代言人，在参加各项活动时，要对职工群众负责，要敢于表达和反映职工群众的意见与要求。在重大原则问题上要出以公心，敢于坚持真理，坚持正义，敢于代表群众说话，不怕打击报复，不怕挫折，不计较个人得失。特别是遇到企业改制、改组、薪酬制度变化、裁员等涉及职工切身利益的重大事项时，要反映职工群众的真实想法和诉求，及时把职工群众的意见、愿望和需求传达给企事业单位领导与有关部门，充分发挥职工代表在关键时刻的重要作用。

（3）联系职工。职工代表来自职工群众，其履行各项职责的最终目的是为职工群众服务的。因而职工代表必须密切联系他所代表的职工群众，听取他们的意见，集中他们的智慧，反映他们的要求，并努力使职工群众的正确意见能够为单位所接受。职工代表必须取得选区职工的信任和支持，从职工群众中得到智慧和力量，这是职工代表保持其代表性和群众性的基础。如果脱离选区职工，听不到职工群众的呼声，不掌握真实的情况，就不可能发挥职工代表应有的作用。职工代表也只有在日常生活中主动热情地为职工群众排忧解难，与职工群众打成一片，事事以身作则、处处作出榜样、遇事主动找群众商量、虚心听取群众意见、把自己处于群众的监督之下，才会得到职工群众的拥戴和支持，同时也才能够从职工群众中得到智慧和力量。

职工代表要保持同选区职工群众的密切联系，一要以身作则，在工作、生活、学习等方面为大家作出榜样，得到职工群众的信任和尊重。二要同职工群众讲真话，只有自己同群众推心置腹，才能让人把心里话亮出来，从而得到真实的情况。因而要与群众交朋友，尤其是要认真倾听职工群众的呼声。三要广泛地接触职工群众，不管是工作先进者还是中间者、落后者，职工代表都要接触，要团结大多数，不能只从个人感情和兴趣出发，同少数人联系，更不能拉帮结伙，漠视大多数人的利益。只有这样，才能全面了解职工群众的情绪、意愿和要求，掌握真实的情况。对于职工群众反映的问题，要在调查了解的基础上，仔细把握职工群众反映问题的动机，哪些是合理的，哪些是不合理的，在此基础上，将该反映的向相关部门反映。对于职工群众提出的不正确意见，也要坚持说服教育的方法，通过摆事实讲道理，向职工群众做好耐心细致的解释工作。四要热心为职工群众办实事，做职工群众的贴心人，想职工群众之所想，急职工群众之所急，主动帮助职工群众解决在工作、生活和学习中遇到的问题。

（4）讲求方法。职工代表一头连着职工，一头连着企事业单位。职工代表掌握和运用正确的工作方法是做好参政议政工作的重要前提。职工代表要在参与决策和管理中发挥更大的作用，就必须注意工作方法，并全面周到地考虑问题。一是要正确把握工作的轻重缓急，注意处理好眼前利益和长远发展的关系。既要注意解决职工群众的生活福利问题，更要注意单位生产经营和长期发展问题。职工的生活福利问题固然不容忽视，但是不能只注意这一个方面，而要以更多的精力来思考、研究所在单位的生产经营和管理方面存在的问题，要善于找出生产经营和管理中的薄弱环节，积极提出建议加以解决，毕竟单位的长期良好发展是职工群众利益的根本保障。二是要注意变被动参与为主动参与。职工代表的高度负责精神，充分体现在职工代表的自觉性和主动性上。职工代表不是行政职务，没有太多的实际利益，更多地体现为服务职工群众，因此，养成自觉主动的服务精神更加可贵。职工代表要在参加单位各项民主管理活动中勤于动脑，注意观察，积极主动地发表意见、提出建议。三是要注意调查研究。职工代表在参与管理的过程中，要使自己的意见、建议能够“参”到点子上，得到大多数职工代表的认可和采纳，必须对所反映问题的实际有全面的、正确的认识，能够抓住问题要害并提出科学的解决办法。而要做到这一点，就必须深入调查研究，尽可能地全面了解情况，并对了解和掌握的情况，认真进行深入的分析思考，从而作出正确的判断，这样反映问题才能有理有据。

（5）服从大局。作为职工代表，首先要以国家利益为重，局部利益服从全局利益。在企事业单位内部，也有局部利益与全局利益的矛盾。每个职工代表都是由各选区职工选举出来的，当然要如实反映和代表本选区职工的意见。但职代会作出决议以后，不论是否符合本选区职工的意愿和要求，都应积极拥护和认真贯彻执行，不能采取任何消极态度，这是作为职工代表必须具备的品质和必须遵守的纪律。

此外，由于职工代表的活动必须按照职代会的统一部署、确定的规范和程序进行，为此，职工代表就应努力做到：妥善安排好自己的工作，尽量做到在参加大会期间，生产工作不受影响；要了解掌握职代会行使各项职权的程序、规范，以便正确有效地行使职权；树立整体观念，加强组织纪律性，不能因为某个程序与己无关或不感兴趣而中断参加活动。

27. 职工代表的主要活动方式有哪些?

职工代表是职代会的参与主体，职代会职权的行使主要是通过职工代表的活动来实现的，职代会作用的发挥有赖于所有职工代表的积极参与。职工代表通过参加职代会和其他各项民主管理活动来行使权利，履行义务，发挥代表的作用。职代会和其他各项民主管理活动，是按照一定的程序进行的，职工代表必须熟悉这些程序，并依照程序和有关规定，参加民主管理活动。

（1）会前活动。在职代会召开之前，职工代表应做好必要的准备工作。一是熟悉材料。认真阅读提前发给职工代表的单位行政工作报告（讨论稿）和各项拟审议讨论方案（草案）等有关文件，了解和掌握大会中心议题。这要求职工代表不只是到时候参加会议，而且要事先明确会议的主要内容。二是调查研究。围绕中心议题，广泛听取周围职工群众对工作报告（讨论稿）和各项议案（草稿）等文件的意见与建议，并加以综合整理。通常需要每名职工代表从职工群众中征集几条有关生产、经营、管理等方面的意见和建议来参加职代会。三是反映意见。将综合整理好的意见和建议，以口头或书面的形式反映给所在职工代表团（组）。四是提出提案。在征集职工群众意见的基础上，有针对性地提出职工代表的提案。

（2）会中活动。在职代会会议期间，职工代表应认真参加的主要工作为：一是根据通知要求，做好准备，按时参加职代会的预备会议和正式会议。二是参加预备会议，听取并审议职代会主席团名单、大会秘书长名单、代表资格审查委员会（小组）关于代表资格的审查报告（指换届大会）、大会议程和其他需要确认的事项。三是认真听取单位有关领导在职代会上所作的工作报告、方案及其说明。四是做好讨论发言的准备，有条件的最好写出发言提纲。五是积极参加对工作报告和各项议案的讨论，在讨论会上，要畅所欲言，充分发表意见。六是根据职代会议程，经过充分思考，认真行使表决权和选举权。参加选举划票时，如感到不方便，可以要求大会提供互相回避的条件。

（3）会后活动。职代会结束以后，职工代表应积极宣传贯彻大会的各项决议、决定，做好有关工作。一是向所在单位职工汇报、宣传职代会所通过的决议或作出的决定，对职工群众不清楚的问题做好解释工作。二是收集周围职工对职代会通过的各项决议、决定的意见，向所在职工代表团（组）反映。三是以实际行动影响和带动周围职工群众贯彻落实职代会的决议与决定，并起表率作用。职工代表在贯彻执行职代会决议时，要学会把党和国家的方针政策，同职工群众的意见要求结合起来，使职代会的各项决议、决定既符合党和国家的方针政策，又切合单位的实际，符合广大职工的要求。

此外，在职代会闭会期间，职工代表应积极参加所在单位的日常民主管理活动，发挥好代表的作用。这是职工代表在职代会中发挥作用的继续和深入，是以贯彻落实职代会决议、决定为主要内容开展的。①根据职代会通过的年度生产经营目标，积极组织和带动周围职工群众开展合理化建议活动、劳动竞赛等群众性的经济技术创新工程的活动。②带领职工积极贯彻和落实职代会通过的各项决议（如集体合同要求职工要遵守和完成的事项、单位改革改制方案的执行、各项规章制度的执行等）；及时反映生产经营和管理中出现的问题与决议执行中出现的新情况，敦促有关部门纠正和解决。③参加职工代表团（组）组织的职工代表视察活动，积极提出问题，对重要问题要做好记录。④参加职代会有关专门委员会（小组）组织的民主质询、民主对话及其他活动。⑤参加职代会决议贯彻落实情况的检查监督工作。⑥在车间、班组、科室民主管理中发挥骨干作用。

28. 职工代表的履职途径有哪些？

职代会制度不仅仅是指企事业单位召开的职代会会议，还包括与会

议相关的一系列制度设计，如职代会联席会议、职代会专门委员会（小组）、日常民主管理等。为此，职工代表的履职途径或渠道也就不仅是参加职代会会议，还包括职代会制度的各项活动，如开展调查研究、提案、巡视检查等。

（1）参加职代会专门委员会（小组）工作。职代会专门委员会（小组）是为职代会依法行使职权服务的专门工作机构，是加强职代会会议与日常民主管理活动之间内在联系的重要工作载体。职代会专门委员会（小组）的设立，有利于引导和帮助职工代表更好地履行职责，有利于提升职代会运作质量，有利于推动各项日常民主活动的开展更具针对性、有效性。

在具体操作中，企事业单位通常都根据职代会组织运作需要以及单位规模和客观实际，设立若干个民主管理专门委员会（小组）。如一些规模较大的单位，建立了职代会集体合同履约检查专门委员会（小组）、劳动规章制度专门委员会（小组）、劳动安全卫生专门委员会（小组）、生活福利专门委员会（小组）、民主评议专门委员会（小组）、提案工作专门委员会（小组）、质量评估专门委员会（小组）等机构。而对于规模较小、人数较少的单位，通常只建立一个综合性的专门委员会（小组），履行职代会各专门委员会（小组）的职能。此外，一些单位还根据工作需要，设立一些临时性的民主管理专门委员会（小组），待承担的特定工作结束后予以撤销。这些职代会专门委员会（小组）由职代会审议设置，将每年活动的情况形成工作报告，向职代会报告。

职代会专门委员会（小组）的主要任务是组织职工代表开展民主管理专项活动，办理职代会交办的有关事项。在具体操作中，职代会专门委员会（小组）的主要职责一般包括：①开展与本专门委员会（小组）专项内容对口的专题调研、巡视检查、督促落实、提案处理等工作；②在职代会召开期间，对提交职代会审议、审议通过或审查的，且与本专门委员会（小组）专项内容有关的重要事项，提出专业的分析报告或具体建议；③在职代会闭会期间，对提交职代会联席会议协商处理的重要事项，提出专业的分析报告或具体建议；④配合工会组织开展相关日常民主管理活动，及时反映职工群众的意见、建议和诉求；⑤办理职代会交办的其他事项。

职代会专门委员会（小组）成员通常由职代会民主选举产生，主要由职工代表组成。实践中，为了加强职代会专门委员会（小组）中相关专业人员的力量，不少单位的职代会专门委员会（小组）均吸纳了熟悉相关业务的非职工代表参加，但专门委员会（小组）负责人由职工代表担任。而且在不少单位中，相关职能部门的负责人一般不担任对口民主管理专门委员会（小组）的负责人，以确保职代会专门委员会（小组）的民主监督作用落到实处。参加职代会专门委员会（小组）的职工代表应努力提升个人素质和业务能力，配合其他小组成员，积极履行好专门委员会（小组）的职责，为职代会的有效运行奠定坚实基础。

（2）参加职代会提案工作。职代会提案工作是职工代表行使民主权利、参与企事业单位管理的一种重要方式。它开辟了职工代表参与管理的渠道，是职工代表履行职责最直接、最有效的方式。通过这个渠道，职工代表可以充分发挥聪明才智，极大地开发其创新、创造潜能，为单位发展出谋划策。同时，提案工作也可以充分地调动职工关心单位发展、参与管理的积极性和创造性，为职工反映意见、改进管理、促进和谐提供了重要平台。

（3）参加巡视检查工作。在职代会闭会期间，职工代表对职代会决议、决定及提案贯彻落实情况进行定期或不定期的监督检查，是职代会的一项重要制度，也是职工代表行使民主管理权利的一种重要方式。职工代表的巡视检查活动一般是在单位工会的带头组织下，以职代会专门委员会（小组）成员为主，根据巡视检查内容需要，吸收有专长的职工代表参加。巡视检查的内容主要是围绕职代会决议、决定的执行情况和提案的处理情况进行，同时也包括单位生产经营管理中的重点和职工群众最为关心的热点问题。

巡视检查的程序和方法主要是：①提前将巡视检查的目的、内容和要求通知单位行政领导和有关部门；②听取被巡视检查单位相关工作情况的介绍和职工群众的要求与反映；③问清工作现状和存在的问题及未解决的原因，深入现场，实地察看和考察；④讨论寻找问题的症结和解决问题的方法、措施；⑤写出巡视检查意见报告，并请被巡视检查单位领导根据监督检查意见填写整改意见，限期整改，并及时进行复查。整个巡视检查结束后，要综合监督检查情况和职工意见，形成巡视检查报告，向职代会报告。

职工代表要积极参加工会组织的对职代会决定、决议贯彻落实情况的巡视检查活动。职工代表在参与巡视检查工作时，需要注意三点：①事先要做好充分准备，推动将单位生产经营管理中的重点和难点问题，以及职工群众关心的热点问题作为检查的重点，要了解和掌握巡视检查的步骤和要求；②要认真学习党和国家的有关方针政策及有关管理知识，确定和掌握巡视检查方法，统一标准；③巡视检查要本着实事求是的精神，既肯定成绩、总结经验，又找出差距、帮助改进。尤其是对存在的问题要提出具体的整改意见，并责成相关职能部门和责任人限期整改。

延伸阅读

丰桥公司职工代表巡视检查制度

中铁丰桥桥梁有限公司职工代表巡视制度成为职代会职能的延伸，变事后讨论表决为事前参与、事中监督、事后检查，进一步突出了职工代表的日常监督检查职能，成为职工参与企业民主决策、民主管理、民主监督的一条简便有效的途径。

（一）准备计划阶段

1. 策划。根据当年重点工作、重点项目，制订巡视检查方案。

2. 通知。向被巡视项目发放巡视初步通知，广泛收集、倾听职工意见和建议。

3. 收集。根据职工所反映的问题，进行归纳整理，特别关注突出问题，重点问题。

4. 修订。根据归纳整理出的问题，修订巡视方案。

5. 选代表。根据巡视检查内容，认真挑选职工代表，组成若干小组进行巡视检查。

6. 会议培训。对巡视检查组成员进行专题培训，为保证巡视检查工作质量奠定基础。

（二）具体实施阶段

1. 检查。对巡视检查的常规问题运用听汇报、看现场、查资料、问疑点的方式进行检查。

2. 座谈。与被检查单位领导、员工一起畅所欲言，就检查中提到的项目以及还需要向巡视组提出的问题建议进行交流。

3. 谈心。巡视代表与职工进行单独谈心，了解职工思想动态、生活状况、需要解决的问题以及需要反映的问题，就职工问题及时做好解释、疏导。

4. 评议。对巡视反映出来的问题进行评议，出具职工代表巡视问题整改书，要求被巡视单位限期整改。

（三）反馈总结阶段

1. 总结。巡视结束后，组织召开专门会议，对巡视检查情况进行认真分析和研究，归纳整理并形成书面总结。

2. 解答。对在巡视过程中未当场解答的问题，由对应部门进行解答并回复。

3. 汇报。将巡视的基本情况及反映出的问题和各部门解答的情况反馈给公司党委、行政领导，为企业决策提供参考。

4. 归档。将每次巡视的基本情况及反映的问题及时进行归档，并进行比对，归纳出常出现的问题，推动职工代表巡视工作健康有序地开展。

大唐陕西公司：做实“职工代表巡视”助发展

如何做实“职工代表巡视”工作，使之成为企业实现科学发展的有力推手，一直是大唐陕西发电公司深入思考的一个问题。2014年以来，该公司工会在深入思考研究的基础上，全面加强并创新职工代表巡视工作，紧紧围绕企业工作中心，找准巡视工作特点、重点，实行闭环管理，成效初显。

在巡视活动中，该公司针对火电、风电、水电企业的特点不断细化活动方案，15家基层单位由党委书记、工会主席带队，选派158名技术骨干、专业能手、安全员等职工代表，先后组成26个巡视小组，划分区域，抓重点、攻难点开展巡视活动。通过开展扎实有力的巡视工作，确保了基层单位后勤管理“晒出来”让职工放心，“六最”项目进展“快起来”使职工暖心，安全检修现场“严起来”让职工安心，职工代表巡视工作也因此成为助力企业安全发展、和谐发展的“绿色通道”。

（一）巡视安全　职工安心

“安康杯”竞赛活动开展以来，陕西公司组织各基层单位，以促进安全工作为统领，紧扣“安全生产月”活动，抓住时机，创新形式开展职工代表安全巡视活动，助力基层检修工作的安全开展，推动了“安全生产月”活动有序进行。

该公司在开展职工代表安全巡视中，一方面注重人本管理，将安全生产巡视的视角从强化设备、技术管理等“硬措施”延伸至关注人的思想与情绪的“软环境”上，努力创建“以人为本”的安全文化氛围。另一方面，督促各基层单位成立了职工代表巡视组，将基层企业职工代表分为12组，每月组织职工代表与安监部共同巡视，形成职工代表巡视常态化。同时，结合“安全月”活动启动了安全隐患“随手拍回头望”清剿活动，职工代表可随手用手机拍摄违章行为、违章现象，并加强隐患清剿。

此外，该公司根据近期火电企业密集检修的现状，有针对性地对检修现场开展扎实的巡视活动。组织职工代表对检修作业交叉区域、设备技术改造现场等关键部位进行安全巡视，重点检查安全措施落实情况、“两票”规范管理情况等，保证安全巡视的有效性和针对性；所属基层企业渭河热电厂、韩城发电厂、定边风电公司、彬长发电公司、延安热电厂、略阳发电公司等6家单位对职工代表巡查出的164项曝光隐患，开展全面排查、清剿活动；多家基层企业采取不提前通知、不打招呼、直奔现场的方式进行巡视，深入检查“三讲一落实”活动开展情况、工作票安全措施完善情况、现场工作人员违章现象等，确保检修人员人身安全，确保检修安全顺利进行。

由于措施扎实，行动有力，陕西公司职工代表安全巡视切实发挥了助推安全生产工作的作用，推动了“安康杯”活动的有效开展，得到了基层单位职工的广泛认可。

（二）巡视后勤　职工放心

针对发电企业多数职工都在职工食堂就餐的事实，陕西公司扩大巡视范围，厘清职工代表安全巡视重点，从职工最关心的后勤管理入手，把好职工身体健康的第一道关口。各基层企业尤其是工作地远离家属区的企业，将后勤管理巡视作为重点工作常抓不懈，促进了后勤管理工作提升，助推了满意餐厅的创建工作。

在开展巡视中，陕西公司因企制宜，根据户县热电厂、韩城发电厂机组关停的情况，将空壳电厂职工代表安全巡视中心转移到承运项目部，对项目部的食堂管理进行全面督察；要求彬长发电公司、户县二热、定边风电公司等5家新建企业组织职工代表巡视餐厅管理，查看食堂原料库房清洁程度、原料生产日期，检查安全食品标志和后勤工作人员健康证合格状况等，并定期发布检查图片。其中，针对彬长发电公司所在地水质差的实际，职工代表多次巡视检查其饮用水处理车间运行记录、设备运行状况、出水水质化验结果，同时在企业网上发布检查情况，保证职工喝得放心；陕西汉江公司、延安热电厂、石泉水电厂、宝鸡热电厂4家企业后勤巡视工作通过严格检查食材购买、餐具消毒流程、饭菜质量，对比后厨、前厅、碗、筷等食品卫生状况，调查米、面、油、调味品、肉食品等食品安全情况，查找出存在的问题，对食堂管理提出整改意见，督促食堂进一步改进，提高职工满意度，不断推进职工满意餐厅的建设。

“我也想加入职工代表安全巡视组，为职工服务。”这是陕西公司基层职工代表的心里话，也是职工对安全巡视工作的赞誉和支持。陕西公司通过组织职工代表对企业后勤工作进行巡视，增强了后勤管理透明度，极大助推了后勤管理水平的提升，更为广大职工健康上了一道“安全锁”。

（三）巡视“六最”　职工暖心

陕西公司将解决职工最关心、最直接、最现实的利益问题，最困难、最操心、最忧虑的实际问题作为突破口。

“六最”项目立项之初，陕西公司就进行了多次调研，考察组深入每家基层单位论证项目可行性。在资金有限的情况下，本着最大限度服务职工的原则，该公司确定10项、基层单位确定43项“六最”项目，全年督办。职工代表巡视小组严格履行职责，坚持“讲实话、重实效、干实事”，对照项目工期严格巡视“六最”项目完成节点。

其中，实施了汉江公司水源项目整改工程，对水源净化池进行封闭，确保职工用水安全卫生；完成了彬长公司检修运行休息室开工建设、饮用水设备升级改造项目，可改变700多人居住简易临建房的现状，为工地上千人的饮水安全提供保障；督促渭河热电厂、石泉水电厂完善了职工家庭重大变故帮扶机制，提升了职工幸福指数；完成了延安热电厂家属活动室改造项目，使离退休职工老有所乐；石泉水电厂、韩城发电厂等厂下大力气畅通职工诉求渠道，职工代表巡视督促建立厂长、书记、主席公开邮箱，切实解决职工的合理要求，促进了管理提升工作。

陕西公司职工代表对“六最”项目的巡视督办，温暖了职工身心，拉近了干群距离，赢得了职工赞誉，使职工代表巡视工作成为卓有成效的“暖心”行动。

（四）严格整改　闭环有力

“要把职工代表巡视工作与安全隐患治理整顿结合起来，对查出的涉及后勤管理、劳动安全、卫生保健、劳动保护用品的配备使用等问题，要制定整改措施，并务必全面落实！”陕西公司纪检组长、工会主席严裕周到韩城第二发电公司慰问机组大修参检职工时，特别强调巡视工作要做到闭环管理。

为了做到隐患整改闭环管理，该公司组织巡视组随时进行隐患整改抽查，要求职工代表填写整改进度，快速推动现场隐患排查工作。各基层单位采用“听、看、问、测、评”的方式，即听取意见、现场查看、当面质询、意见调查、填写评议表等一整套流程，促进整改，保证职工代表巡视隐患排查工作措施有力，做实闭环监管工作。

其中，彬长公司、户县二热、略阳公司强化巡视管理，职工代表巡视时，后勤管理部门、安监部门随同检查，对小问题随时发现随时整改，对现场安全隐患下发整改通知单，安监部闭环验收，使职工代表巡视真正促进现场安全水平提升；渭河热电厂等企业要求责任部门对于拖延未处理隐患，一周内填写“隐患未整改说清楚”，说明未整改原因，交与工会办公室，由监督评议干部委员会、生产经营委员会连同清查总结报告，一并交厂领导审阅。这些举措使陕西公司做到了“隐患整改无死区，安全巡视重落实”，为助力检修现场安全、机组运行安全提供了保障。

陕西公司全面强化职工代表安全巡视力度，促使各基层企业巡视工作横向到边、纵向到底无遗漏，促进安全、生产、后勤等管理工作全方位提升。职工代表安全巡视作为该公司职工代表履行职责的“绿色通道”，切实发挥了工会组织的桥梁纽带作用，走出了拉近干部职工距离的“连心路”。

（4）参加职代会质量评估工作。职代会质量评估制度是企事业单位自我诊断职代会运行质量、促进职代会制度建设和发挥职代会实效的一项重要制度。质量评估方式主要包括组织职工代表民主测评、召开职工代表座谈会、开展职工代表个别访谈等。有些单位还邀请了部分职工群众参加座谈或测评。职代会质量评估的主要内容包括：职代会议题是否符合单位发展的实际和职工群众的需求；职代会职权是否正确行使；职代会民主程序是否规范履行；职代会的会议议程是否符合规范要求；职代会会议的综合质量职工群众是否满意；等等。

职工代表在参加职代会质量评估工作的有关活动时，要本着实事求是和稳步推进职代会制度作用发挥的原则，认真分析本单位职代会的实际情况，提出切实可行的参考意见，推动本单位职代会制度建设不断健全完善。

（5）参加日常民主管理活动。企事业单位除了依法建立健全职代会制度之外，还可根据本单位实际，建立健全职工代表恳谈会、民主共商会、民主议事会、劳资座谈会、厂情通报会、厂长（经理）联系信箱等日常民主管理形式，就单位生产经营管理方面存在的缺陷、规章制度执行中的问题、职代会决定决议履行过程中出现的新情况、新问题，及时进行联系和沟通，在单位内部形成互相尊重、互相信任、良性互动、共谋发展的民主管理氛围。

因此，职工代表参与企事业单位管理的途径，除了参加职代会会议和职代会组织的各类活动外，还可通过参加各种座谈会、沟通会、对话会、质询会等形式了解单位发展要求，反映职工群众诉求，以及组织选区职工围绕单位生产管理和发展建言献策，开展合理化建议。职工代表参加的这些日常民主管理活动具有分散、小型、多样的特点，它是在工会的组织下开展，而不是把全体职工代表组织在一起进行。为此，职工代表应从实际出发，采取多种方式，广泛联系群众，收集和反映职工的意见与建议，充分发挥个人的主观能动性，协助工会组织搞好活动，并协助单位行政领导解决好问题。

微案例

宝钢新日铁汽车板有限公司长期以来，一直关注职工代表依法履行民主管理的权责和作用发挥，积极引导职工代表参与公司日常管理，及时反映广大职工的意愿和需求，维护好职工群众的切身利益。

员工最关心最直接最现实问题（简称“三最”问题）的征集，是职工代表直接反映现场一线员工心声最有效、最便捷的途径，也是充分发挥职工代表参政议政、民主监督、履职尽责的平台。为了加大员工“三最”问题的解决力度，该公司每季度定期召开员工心声座谈会，采取公司领导与职工代表面对面的交流方式，共同协调处理涉及安全生产、劳动保护、生活福利等方面的事项。

为骑车上下班的员工配备车灯，就是职工代表为群众解决的“最直接”“最现实”的一个问题。根据部分员工反映，从公司所在地到宝钢一号门，由于长期行驶重型集卡，造成地面坑洼不平，同时为了满足宽厚板的运输需求，有一段非机动车道还需借用人行通道，由北向南方向一侧马路没有路灯。光线暗淡、地面坑洼、车道交叉等不安全因素，给骑车上下班的员工带来了安全隐患。在公司办公室与相关职能部门进行沟通协调期间，有位职工代表明确提出，涉及员工出行的安全问题不能等，道路在没有得到彻底改善之前，必须采取相应的措施，以减少安全风险。

在职工代表的提议下，公司工会积极配合，通过各大电商平台对比、寻找合适的车灯，最终选择了一款集照明、警示喇叭、声光双系统控制、防水防雨、智能充电等功能于一身的车前灯。虽然仅是一个小小的车前灯，但却折射出职工代表为广大群众办实事的履职责任和意识，小小的车前灯既为职工的上下班出行提供了一道安全保障，也为公司安全工作出谋划策。

延伸阅读

汇聚职工代表智慧　拓展民主管理工作

首钢长钢公司在坚持以职代会为基本形式的民主管理制度的基础上，创造性地提出并建立健全了职工代表民主评价制度。这项工作起始于2009年，主要是针对企业的采购定价项目。在对多年工作进行认真总结的基础上，为进一步对职工代表民主评价工作进行规范，该公司又于2017年修订了《民主评价实施办法》。这项工作的运作模式主要是：

1. 评价项目的选取。由公司纪委负责，主要从以下四个方面选取：(1) 在合同资料审核中认为可能存在问题（如合同、技术协议签订不严谨、执行不严格、招标过程有疑义、合同定价高于同期市场价格的等）的项目；(2) 在采购金额相对较大的如大宗原燃料、合金、耐材等外购物资中随机抽取的项目；(3) 职工群众反映强烈的一些热点问题；(4) 公司安排的项目。

2. 评价项目的确定。针对选取的调研评价项目，公司纪委通过内部资料核对、进厂实物验证、网上查询、电话传真询价以及实地调研等方式进行调查落实（对一些专业性较强、技术要求较高的项目，邀请公司相关专业技术人员或聘请第三方专业技术人员共同参与），取得调研结果，确定评价项目。

3. 评委的选定。针对已确定的评价项目，由公司工会和纪委共同从职工代表中，随机抽取不少于25名的职工代表和专业技术人员组成民主评价团。

4. 邀请列席及旁听人员。公司工会邀请部分职工群众列席并旁听评价会。旁听人员可以发言、询问，也可以就涉及本单位的评价项目作补充说明。职工群众参加旁听，可以使普通职工群众的知情权、监督权、话语权得到保障和落实。

5. 召开民主评价会。民主评价会召开前，由工会和纪委通知会议召开的时间、地点及与会人员，分别告知评委及项目承办人评价项目内容。与会人员包括被评价项目承办人（被评价人）、被评价项目承办人单位党政负责人、评委、列席及旁听人员等。会议由公司工会组织，纪委主持。公司电视、报纸等媒体全程参与。在评价会上，首先由纪委对评价项目的内容和调研情况等进行说明，然后由被评价人对所承办的项目进行陈述，对项目涉及的问题进行解释说明。评委根据被评价人的陈述和自己掌握的情况，对被评价人解释不够清楚、还存在疑问的进行询问，被评价人继续做出解释和说明，双方现场问答。问答结束后，评委现场在评价表上作出“满意”或“不满意”评价，“满意”超过半数以上，视为通过，达不到半数，则为未通过。

6. 启动调查问责。对在评价会上未通过的项目，由公司纪检监察部门，对项目承办人及牵涉到的相关责任人进一步调查落实。存在违纪的，由公司纪检监察部门进行处理，处理结果向职工代表通报；构成违法的，移交司法部门处理。

7. 定期优化评委。公司工会定期对职工代表进行法律法规、专业知识、市场调研、评价技巧、口头表达等综合能力培训，要求评委在评价会上积极询问，对在民主评价过程中提问水平高、所提建议科学合理的，每半年给予奖励；对连续两次、累计三次在评价会上不提问的视为不合格评委，年终不得评先评优。

职工代表民主评价工作最大限度落实了职工群众的民主权利，尤其是在评价会上未通过项目承办人及相关责任人的处理上，充分尊重职工代表的意见和建议。由于让职工群众不仅拥有知情权、参与权、监督权，还拥有了决策权，“说人情、讲情面”等现象大幅减少，减少了外界对企业经营活动的干扰。

职工代表民主评价工作的有效开展，进一步增强了企业民主管理的活力，促进了公司各项工作的提升，也使工会组织得到了职工的信任，凝聚力显著增强，作用得到了发挥。如今，涉及企业发展的重大决策、经营生产的大政方针、职工群众的切身利益，均要通过职代会无记名投票表决形式通过。从2017年开始，公司工会每半年对企务公开民主管理情况进行通报。公司企务公开四级网络健全，公开的内容、形式、程序、责任和各项管理制度相融合，公开的效果，以职工的满意度为标准，有效发挥了职工“阅卷人”的作用。

随着职工代表民主评价工作的日臻完善，首钢长钢公司的民主评价领域也由最开始的采购价格监督评价，逐步拓展到外购物资性价比、产品销售、职工班中就餐洗浴、后勤服务等领域。民主管理在首钢长钢公司已经成为一种习惯，成为企业日常管理的有机组成部分。

29. 职工代表如何行使审议权？

审议权是指行为主体对有关事项提出意见或者建议的权利。职工代表行使审议权就是指职工代表在职代会上，对单位生产经营管理重大决策和有关审议事项，进行详细认真的讨论，提出意见和建议，并在此基础上，职代会就有关方案的实施作出决议。职工代表用好这项权利具有重要意义，它不仅关系到企事业单位职工的切身利益，而且还关系到单位生产经营管理重大决策的科学化和民主化，使各项决策措施的实施更具有群众基础，以及集中广大职工群众的聪明才智，增强企事业单位的核心竞争力。

根据《企业民主管理规定》的相应规定，职代会听取企业主要负责人关于企业发展规划、年度生产经营管理情况，企业改革和制定重要规章制度情况，企业用工、劳动合同和集体合同签订履行情况，企业安全生产情况，企业缴纳社会保险费和住房公积金情况等报告，提出意见和建议；审议企业制定、修改或者决定的有关劳动报酬、工作时间、休息休假、劳动安全卫生、保险福利、职工培训、劳动纪律以及劳动定额管理等直接涉及劳动者切身利益的规章制度或者重大事项方案，提出意见和建议；国有企业和国有控股企业职代会还可听取与审议企业经营管理主要负责人关于企业投资和重大技术改造、财务预决算、企业业务招待费使用等情况的报告，并可对专业技术职称的评聘、企业公积金的使用、企业的改制等方案，提出意见和建议。

听取和审议各项报告是职工代表在职代会上的重要工作，是职工代表行使权力、履行职责、参与企事业单位管理的重要方法和手段。职工代表审议单位生产经营管理重大决策的方法，就是要围绕生产经营管理的重大问题，发挥聪明才智，献计献策。具体有三个环节：

（1）超前审议。这是指要在单位领导提出决策意向和草拟决策方案时就及时积极参与，其程序一般是由企事业单位通过厂情发布会等形式把决策意向及有关情况向职工群众、职工代表作出较为详细的说明，然后由职工代表在工会和职代会专门委员会（小组）的组织下，进行讨论和论证，并向行政领导提出决策意向的建议，帮助行政领导确定或者修正决策意向。在行政领导决策意向确定后，职工代表要从源头参与行政业务部门的方案起草工作，积极反映职工们的意见和建议。方案草案形成后，由工会发动和组织职工进行讨论时，职工代表要带头为行政领导修改决策草案献计献策。

（2）会前审议。这是指单位生产经营管理重大决策方案经班子成员讨论后，可在职代会召开前一周，把相关方案发给全体职工代表，以使每一位职工代表有充足的时间去征求职工群众的意见和进行充分的思考。同时还可通过提前召开职代会预备会议或职工代表团（组）长会议等形式，先由单位行政领导作重大决策的报告，详细介绍涉及决策方案的有关情况，然后听取职工代表的意见。涉及单位生产经营管理的专项重大决策，应由职代会的有关专门委员会（小组）进行专题审议。

（3）会上审议。这是指在职代会会议期间，由单位行政领导作报告，介绍制定决策的依据和采纳职工代表的意见与建议的情况，然后由各职工代表团（组）组织职工代表进行讨论，提出进一步修改的意见和建议，最后作出相应决议。

职工代表在行使审议权时，要以高度负责的态度对待所审议的各项方案，力求做到：①要熟悉方案的内容；②事先要征求选区职工的意见；③根据多数选区职工的意见，形成对方案的判断意见；④在职代会相应会议上充分表达看法。

此外，企事业单位在重大决策过程中，职工代表还需要把握好以下几点：

一是要加强有关生产经营和管理知识的学习，把职工民主管理同企事业单位的生产经营管理有机结合。职工代表对生产经营管理重大决策的审议，涉及多方面的经营管理知识和专业知识，因此，职工代表只有加强这方面的学习，并努力精通，才能胜任参与管理的重任。

二是要熟悉单位情况，做到心中有数。职工代表在审议生产经营管理重大决策时，要审到点子上、议到要害处，就必须对单位有关情况有深入的了解，包括生产经营状况、技术状况、职工状况，以及生存发展的外部环境等，只有对这些情况平时就注意调查研究，做到心中有数，才能在审议时审在点子上。另外，职工代表要特别留意的是，对依法应当提交职代会审议的事项，本单位是否提交了职代会审议，有无不经职代会审议而由单位行政方单方面决定侵犯职工合法权益的现象。

三是要强化责任意识，以对职工、对单位高度负责的精神，做好对单位生产经营管理重大决策的审议工作。提倡职工代表进行换位思考："假如我是单位领导，怎样使方案更加完善？"职工代表是代表职工群众行使审议权的，他们既要对职工负责，也要对单位负责，因为这关系到职工群众的具体利益和根本利益。职工代表只有强化责任意识，增强使命感，努力克服与己无关的思想，才能代表职工群众行使好审议建议权，帮助企事业单位作出正确的决策。

30. 职工代表如何行使表决权？

表决权是指对审议的事项作出同意与否的意志表示的权利。表决权

是职工民主管理的重要形式，是调整集体劳动关系的基本要求。通过表决权的行使，集中多数职工代表的意志，并形成决议，共同决定涉及职工切身利益重大问题的权利。

根据《企业民主管理规定》的相应规定，职代会的职权包括审议通过集体合同草案，按照国家有关规定提取的职工福利基金使用方案、住房公积金和社会保险费缴纳比例和时间的调整方案，劳动模范的推荐人选等重大事项；国有及其国有控股企业还可审议通过企业合并、分立、改制、解散、破产实施方案中职工的裁减、分流和安置方案。这些事项都是与职工切身利益紧密相关的问题。

具体来说，职工代表的表决权是指其在职代会上，对提交职代会审议通过的有关事项，通过一定的表决形式，可以投赞成票、反对票或弃权票。职工代表在行使表决权时，需要注意以下几点：

（1）要认真审议需职代会表决的事项。由于上职代会表决的事项通常都是涉及职工切身利益的重大事项，是我国法律法规赋予职代会的权力，是法定程序。因此，职工代表应对提交职代会表决的这些事项进行认真的审议。首先，要仔细审查本单位制订的这些方案草案中的具体内容是否符合国家和地方的法律法规及有关政策，不能与之相抵触。对于集体合同草案，还要审查协商过程及协商形式是否合法。只有做到这些，才能使集体合同具有法律效力，对企业和职工都具有约束力。其次，要审查这些方案草案的内容是否充分体现了大多数职工的意愿和要求，或者尊重和接受了多数职工的意见，不能是单位行政方迫使职工接受的单边条件。当然，职工代表在审查这些方案草案时，也要正确对待和处理各种利益关系，要把职工的合理要求与单位实际的承受能力结合起来，努力实现双赢。

（2）职工代表在决定投票意见时，一定要遵照选区职工多数人的意见，而不应仅仅根据代表个人或选区职工中少数人的意见进行表决。尽管每个职工都有自己的看法或意见，职工代表作为企事业单位的一员，在参与民主管理中也完全可以有自己的利益主张和利益诉求。但作为职工代表，他在投票时应当尊重和代表选区职工的整体利益行使代表权利，决不能把自己的利益主张和利益诉求凌驾于选区职工整体利益之上。

（3）投过反对票的职工代表，要理性看待职代会的表决结果与自己的意愿不一致的问题。通常来说，职工代表在职代会上对有关方案或所作的决议、决定投反对票，作为职工代表表达选区多数职工的意愿，是充分行使民主权利的表现，是正常的、合法的。但是，表决结果如大多数职工代表的意见与自己不一致时，可保留个人或选区职工的看法，但仍然需要执行大多数职工代表通过的方案或决议、决定。这是因为，我国的民主制度实行的是民主集中制和少数服从多数的原则，在这个制度下，作为职工代表享有充分的民主权利，可以按照自己所代表选区多数职工的意愿，投上庄严的一票。每个代表的义务则是按照少数服从多数的原则，执行代表多数人意愿的决议、决定，而不能因为自己的观点与多数人的观点不一致，而我行我素。因此，投过反对票的职工代表在表决结果与自己的表决意愿不一致时，应当无条件服从和执行职代会通过的表决结果，决不能把个人的表决意志凌驾于职代会决议之上。

31. 职工代表如何行使评议监督权？

根据《企业民主管理规定》的相应规定，职代会可以审查监督企业执行劳动法律法规和劳动规章制度情况，民主评议企业领导人员，并提出奖惩建议。评议监督企业领导人员及有关人员是职代会的一项重要内容，也是职代会的一项重要职权。与此同时，经职代会审议通过以及经职代会决定的事项，其落实情况应由企业或工会向职代会报告，接受职代会的审查、监督。所以，评议监督权包含对企业领导人员的民主评议和对企业执行国家劳动法律法规情况以及职代会通过事项的落实情况进行审查监督两个方面，这一权利是由职工代表直接行使的。

在工作实践中，评议监督权的重点是对企业领导人员的民主评议，通常是在国有及国有控股企业，目前一些非国有企业也根据企业实际对有关人员开展了民主评议工作。职工代表的民主评议权主要是指职工代表依法对企业领导人员进行民主评议和民主测评并知晓其结果的权利。职工代表行使好评议监督权，有利于企业建立和强化自我约束机制，有利于企业领导人员改进工作，并做到调动企业领导人员的积极性，使其对上级和资产负责与对职工负责统一起来。

职工代表用好评议监督权，要以企业领导人员的任期目标和岗位责任制为依据，对他们的德、能、勤、绩进行全面评议，并恰当地提出奖惩建议。评议的主要内容包括："德"是指企业领导人员政治素质、职业操守、思想觉悟、政策水平、道德品质。主要看企业领导人员是否坚持学习贯彻党和国家的方针政策，遵守国家法律法规；是否廉洁从业，全心全意依靠职工办企业，勤奋敬业、尽职尽责维护国家和企业利益。"能"是指企业领导人员履职能力，对所负责工作的组织、领导、指挥、控制、协调的能力及所具有的业务知识水平。"勤"是指企业领导人员的工作作风和工作态度。主要是看企业领导人员是否对工作兢兢业业、任劳任怨；是否有好学求知的进取心，不断努力学习新知识，学习党的方针政策和国家法律法规，提高自己的政治理论水平和业务素养；是否关心职工群众，倾听职工群众的呼声，帮助职工群众排忧解难。"绩"是指企业领导人员的工作实绩，是其在工作岗位上取得的实际工作成绩。包括完成各项经济技术指标和其他工作任务的情况，贯彻执行党和国家的方针政策情况，遵守党纪和国家的法律法规情况，企业经营管理和国有资产保值增值情况，推进企业精神文明建设情况，工作作风、精神状态、职业道德、勤奋敬业和廉洁自律等情况。

当然，职工代表对企业领导人员的评议，还要考虑到企业不同岗位领导人员的不同特点。如对企业行政领导人员，可着重评议民主决策、管理能力、经济效益和工作实绩，以及企业技术更新、设备改造、新产品开发和国内外市场开拓情况；而对企业党组织负责人，要着重评议在企业党的建设、精神文明建设等方面的成效和工作实绩，尤其是参与企业重大问题决策、发挥党组织政治核心作用、围绕企业生产经营加强职工思想政治工作的情况。

职工代表对企业领导人员的评议是在企业党委的统一领导下，在企业工会和职代会专门委员会（小组）的具体组织下实施的，其一般程序和方法是：①做好被评议领导人员的思想发动工作；②参加职代会，听取民主评议对象的述职；③对述职的领导人员进行认真评议；④采用无记名方式对述职的企业领导人员进行民主测评，参加测评的职工代表必须超过应到会人数的三分之二；⑤由职代会民主评议专门委员会（小组）负责汇总、整理职工代表的评议意见以及对领导人员的奖惩任免建议，统计测评结果，形成书面材料报送职代会主席团；⑥评议结果经职代会主席团同意后，报送有关组织人事部门，作为对企业领导人员任免和奖惩的重要依据，并向职工代表和被评议的企业领导人员反馈。

职工代表对企业领导人员的评议，是企业内部的一项干部和群众普遍关心的工作，并且直接影响到干部和群众的积极性。因此，职工代表必须审慎用好评议监督和奖惩建议权，为此，要着重把握好以下几点：

一是职工代表要认真学习、理解和掌握党的路线、方针、政策，国家的有关法律法规，并结合企业实际情况，正确恰当地把握干部评价标准。

二是出以公心，客观公正，是对职工代表行使评议监督权的基本要求。职工代表要从关心、爱护、帮助企业领导人员的愿望出发，坚持一分为二、实事求是、出以公心、与人为善的原则，真实地反映领导干部的优点和缺点，全面、客观、公正地评价企业领导人员的功过，保障被评议人的民主权利和正当权益，对涉及被评议领导人员个人的某些重要问题，要认真调查核实，并不得随意扩散。在评议中，不能在评议企业领导人员中掺杂个人恩怨，打击报复，栽赃陷害，要让评议工作切实起到监督提醒领导人员并提高领导人员领导能力的作用。

三是职工代表对被评议领导人员提出的奖惩建议必须谨慎。把评议监督与提出奖惩建议相结合，这使职工代表的评议监督活动更具有权威性，更能取得成效。但是对企业领导人员的奖惩建议是关系到一个干部政治前途的大事，政策性强，影响面大。因此，每一位职工代表都必须慎重对待，要本着客观公正、认真负责的原则，恰当地提出奖惩建议。

微案例

在江苏太湖锅炉股份有限公司的档案室里，保存着该公司10余年来的“公司民主评议考核干部测评表”，装订整齐，内容规范。每年职代会上，公司中层以上管理人员，无论职位高低，都要通过民主测评接受职工代表的监督，公司管理层凭借测评结果作为管理干部选聘、续聘与否的重要标准。在星级职代会的创建过程中，公司工会在创建指导员的指导下，不断充实完善测评项目，科学安排测评内容，较好地保障了职代会的监督权，推动和提升了企业民主管理和科学决策水平。近两年，公司被中国电器工业协会评为锅炉行业十强企业、出口创汇先进企业和新产品开发明星企业。“太湖”品牌被世界品牌实验室评为“中国500最具价值品牌”。

32. 职工代表如何行使民主选举权？

选举权是选择代表权利人担任一定职务的人的权利。职代会的民主选举权，是指按照法律法规规定以及企事业单位与工会协商确定，应在职代会上由职工代表民主选举产生有关人员。根据《企业民主管理规定》的相应规定，职代会具有选举或者罢免职工董事、职工监事的权力，选举依法进入破产程序企业的债权人会议和债权人委员会中的职工代表，根据授权推荐或者选举企业经营管理人员。

职工代表正确行使选举权，以保障所选出的人能够成为多数职工的代表，维护多数职工的利益，防止集体劳权的旁落。职工代表在行使民主选举权时，事先要广泛征求选区职工的意见，充分代表和反映选区职工的意见与要求，以高度的主人翁责任感来对待民主选举工作，既对职工群众负责，同时也要对企事业单位负责，寻求两者间的最佳结合点。因为这是关系到单位发展前途和职工群众利益的大事，绝不能掉以轻心。与此同时，企事业单位也要切实保障好职工代表的民主选举权，充分尊重民意。这不仅有利于激发职工群众的主人翁责任感，同时也有利于真正选出职工群众的代言人，推动职工与单位形成利益共同体和齐心协力、共促发展的理念。

33. 职工代表如何开展民主质询工作?

职工代表的民主质询权是职工代表监督企事业单位执行职代会决议、决定以及职代会提案落实的有关情况，针对单位中存在的问题要求有关负责人予以说明的权利。民主质询不同于一般的民主对话或咨询，它要求被质询的领导人员必须就所提问题给予回答，因而带有一定的强制性，它在实质上仍然是一种民主监督形式。民主质询的内容，一般是广大职工普遍关注的企事业单位重大问题，如职代会通过的决议和提案落实情况，单位重大决策及其实施情况，职工关注的某一阶段或某项工作及出现的问题，等等。

职工代表监督质询权的正确行使，对于职代会决议的落实、解决企事业单位管理中存在的突出问题、发挥职工代表的监督作用具有重要的意义。它的好处在于通过质询的形式，可以沟通情况、消除误会、密切干群关系，同时也可帮助企事业单位行政领导克服缺点、改正错误，改善生产经营管理。

民主质询的活动方式，通常有会议质询、书面质询和现场质询三种。会议质询就是根据质询问题和被质询对象，召开有关的质询会议，由职工代表当面质询，有关领导当场解答。书面质询则是职工代表通过工会或职代会，以书面的形式，对有关问题向有关方面提出质询。被质询的领导，采用书面或其他方式答复说明。现场质询是职工代表到发生问题的现场，向有关领导提出质询，有关领导现场答复说明。

民主质询的程序一般是：①由职工代表提出质询要求（职代会开会期间向主席团提出，闭会期间向工会提出）；②职代会主席团或工会确认质询有无必要，认为有必要的质询，由职代会主席团或工会同被质询人员协商确定质询的时间、地点、方式和参与人员，并且把上述事项提前通知职工代表和有关人员；③按协商的时间、地点和方式进行民主质询；④职代会专门委员会（小组）或工会将质询结果整理成纪要，发给单位领导和有关部门，并督促行政有关部门解决质询的问题，同时向提出质询的职工代表通报情况。

由于民主质询的目的主要是沟通信息，解决问题，改进工作，因此，作为职工代表，在民主质询过程中，要抱着实事求是、坦诚相见的态度，切忌把质询变成责难。作为被质询的单位有关领导要认真对待职工代表提出的问题和意见，虚心接受批评，努力改进工作。在各单位的工作实践中，通常以民主质询会的形式为主。民主质询会由工会主持，职工代表在民主质询活动中要注意出以公心，与人为善，热情帮助对话人讲清问题，有些问题一时讲不清楚，应允许再做准备，认识有差距，允许保留意见。总之，职工代表要心平气和，讲究语言文明，保持对话的良好秩序和氛围。对于对话的结果，要通过一定的方式向其他职工代表和职工群众传达。

延伸阅读

陕钢民主监督评价会职工代表当面质询管理者

“对汾渭平原提出的环保要求，你们的采购矿如何降低硫含量”“你们采购的矿微量元素不合格，给高炉生产带来不稳定因素，咋解决”……这是在陕钢集团汉钢公司民主监督评价会上，针对陕钢集团国内矿采购项目和焦炭采购项目出现的问题，30余名评价团成员向在场陈述人提问。被询问的相关人员当场一一作出解释。对于不满意不明确的回答，评价团成员继续“穷追不舍”……

这是陕钢实行职工民主监督评价制度的一个场景。陕钢集团自2014年10月开始实行这项制度，目的在于“接受职工群众监督，让阳光照亮企业权力运行”。集团各单位遴选15~29名职工代表，组建职工代表民主评价团，对涉及生产经营、销售等领域的业务及职工反映强烈的热点、难点问题进行市场调研，对存在问题的事项形成调研报告，提交民主评价会现场评价。如今这一工作已形成常态化运行机制，实现了工会搭建平台、职工代表质询、评价处调研评价、形成调研报告、纪委对未通过项目进一步调查、对相关责任人进行问责处理的闭环管理。在每次民主监督评价会上，都要求被评价责任单位主要负责人进行项目陈述。

在不断探索中，陕钢集团健全和完善评价制度，形成了4个长效机制：一是项目选取机制，处级以上管理人员每人每年提出两个评价项目，实现了项目选取对业务的全覆盖；二是效果评估机制，坚持逐项市场调研，形成调研分析报告，客观评估评价效果；三是问题整改机制，对已上会的项目，不论通过与否，都对存在问题进行整改完善；四是考核激励机制，完善对职工评委、优秀调研员、优秀效能监察员和优秀调研报告的考核奖励，促进评价工作持续有效开展。

截至2018年10月底，陕钢集团共组织职工民主评价会议89次，评价项目187项，通过项目118项，未通过项目69项。通过对未通过项目进行问责调查，共计处理187人次，经济处罚10万余元，批评教育82人次，纪律处分41人次，问责处理64人次。在民主评价工作中，共收集职工代表合理化建议380余条，整改完成310余条。

据了解，通过民主监督评价会，企业各项流程和制度不断得到规范和完善，相关业务人员工作责任意识明显得到提高，工作失误率大大降低，有效堵塞了企业管理漏洞，营造了“民主、公平、公开”的工作环境。

34. 为什么需要职工代表积极参与职代会提案工作?

职代会提案是指职工代表提请职代会讨论、决定、处理的方案和建议。具体是指职工代表就单位的生产经营管理和职工普遍关心的问题，在广泛征集职工意见、调查研究的基础上，按照规定的程序，在规定的时间内向职代会提出，经提案工作委员会（小组）审查立案后，由单位相关部门或人员承办落实的书面意见和建议。

职代会提案工作是职代会的重要工作制度之一，是提高职代会运行质量的重要环节。许多企事业单位通过职代会提案工作平台，征集到职工代表所提出的许多好的意见和建议，被单位领导所重视，从而为职代会这一民主制度作用的发挥奠定了坚实的基础。与此同时，职工代表履职和发挥作用的一个重要途径就是参与职代会提案工作，履行好代言人的角色，并贡献自己的智慧和力量，推动企事业单位的发展和职工权益的维护。所以，职工代表参与提案工作，这既是职工代表行使民主权利的一种重要方式，同时也是职工代表履行职责应尽的基本义务之一。因为职代会提案工作是职工代表履行职责最直接、最有效的方式，是职工参与民主决策、民主管理、民主监督的重要手段和促进企事业单位决策科学化、民主化的重要渠道。

职工代表参与职代会提案工作，具有十分重要的意义。我们可以从两个角度来看待这一问题，一方面是提升企事业单位管理水平、推动其可持续发展的重要手段。通常来说，企事业单位的生产经营和发展，不仅需要依靠中高层管理人员的智力和努力，也需要依靠全体普通职工的智力和投入，共同努力实现企事业单位的发展。而且也只有全体职工全身心地投入，拿出主人翁的态度积极建言献策，贡献每个人的智慧和力量，才能保证每个单位在市场经济的激烈竞争中保持生机和活力，从而实现健康持续发展。另一方面，这也是职工代表展现自我才华的舞台，能够充分体现出提案者的自我价值。通过一份提案，可以看出提案人的能力、学识、知识面、逻辑思维等多方面的素质，还可以了解职工代表团结群众的技巧、看待问题的视角、调查研究的能力、解决问题的水平等。因而职工代表提出一份好的提案，不仅能够引起单位领导和相关部门对提案的关注，也能引起他们对提案人的关注，甚至可以拓展提案人个人成长的空间。尤其是对于一些来自基层一线岗位的职工代表来说，由于平时较少有机会展现自己的才华，那么参与职代会提案工作正好是一个好的机会，一份有理有据的高质量提案很容易使提案人进入管理者的视野，从而使其发现人才和利用人才。

35. 职代会提案工作有哪些基本内容和要求？

（1）职代会提案的主要内容。通常来说，只要是在职代会职权范围内，涉及企事业单位生产经营管理和发展、职工权益维护等方面的诸多事项，都可纳入职代会提案的范畴，如单位生产经营、决策管理、单位规章制度、工资福利、劳动保护、干群关系、文化建设等方面。具体而言，职代会提案的内容，主要有这样几类。

第一类是涉及企事业单位重大决策事项，如单位中长期发展规划，投资和生产经营重大决策方案，单位改革、改制方案，兼并、破产方案，重大技术改造方案，职工裁员、分流、安置方案等重大事项。

第二类是企事业单位经营管理方面的重要事项，如年度生产经营目标及完成情况、财务预决算情况、工程建设项目的招投标情况、大宗物资采购供应情况、单位内部经济责任制落实情况、重要规章制度的制定情况等。

第三类是涉及职工切身利益方面的事项，如劳动法律法规的执行情况，劳动合同、集体合同的签订和履行情况，职工工资奖金分配、奖罚与福利情况，职工社会保险金缴纳情况，专业技术职称的评聘情况，评先评优的条件、数量和结果情况，单位安全生产和劳动保护措施情况，职工的培训方案与计划落实情况，等等。第四类是单位党风廉政建设方面的事项，如职代会民主评议领导干部的情况，单位中层领导干部、重要岗位人员的选聘和任用情况，领导干部廉洁自律规定执行情况，单位业务招待费使用情况，单位主要领导干部的工资（年薪）、奖金、津贴、用车、通信工具以及出国出境费用支出情况，等等。

微案例

上汽集团所属联合电子公司作为一家外资企业，年轻有为的员工较多，而公司管理岗位少。为此，有职工代表提出了在企业中开辟两个通道人才培养的提案，即在原有的管理岗位序列之外，另增设“首席技师”“首席管理师”“首席检验师”等建议，得到了企业的采纳。之后，职工代表又在第二年的职代会上，提出建立包括职工代表参加的业务干部考评委员会，每年进行定期考核评聘，以进一步完善这一考评机制。这一提案落实后，既避免了由于年轻有为的员工上升空间受阻引发员工之间的矛盾，同时又在企业内部营造了一种积极向上、公平竞争的良好氛围。

（2）职代会提案的要求。职代会的提案通常在主体、形式上有一定的规范和要求，同时一个完整的提案也应具备五大要素。

一是提案的主体要求。提案必须由职工代表提出，这是职工代表的权利，更是其义务。在一般情况下，提案必须由一名职工代表提出，两名以上职工代表附议，以说明该提案受支持的广泛程度和重视度。

二是提案的形式要求。提案通常以书面形式提出，为便于提案的处理，提案应该一事一案、一案一表，以便明晰提案主题内容，并确定合适的承办单位。手写提案要求字迹清楚，易于辨认。有条件的职工代表应电脑填写后打印。提案表通常一式三份，一份交有关部门承办；一份随提案回复表返回提案人；一份留存在工会，以便于检查监督。

三是提案的要素。一条完整的提案应包括五大要素：一是案由，即提案的标题，通常在20个字以内，应短小精悍，具有概括性；二是理由，阐述为什么要做这个提案，现在存在哪些问题，对企事业单位的影响有哪些，并分析其原因；三是针对存在的问题，提出的整改办法或措施建议；四是提案人和附议人；五是日期。此外，有些提案还会有附件，如调查报告或有关数据材料。

(3) 职代会提案工作的流程。在实践操作中，尽管不同的企事业单位在提案工作流程方面会有少许区别，但基本的工作流程大体一致，主要包括以下几个环节。

一是征集。职代会召开前（一般在召开前三周左右），由工会或提案工作委员会（小组）发出征集提案通知，集中向职工代表发放提案征集表。

二是撰写。职工代表在深入开展调查研究，认真听取和收集职工意见的基础上，按照规范的要求填写提案表。

三是审查。工会或提案工作委员会（小组）对汇总的提案进行审查，即分析提案能否立案，一般有三条标准：一是看提案内容是否符合有关政策法规；二是看是否属于职代会职权范围；三是看有没有实施的价值和可能。

四是立案。对符合提案标准的提案，通常都应立案。工会或提案工作委员会（小组）对已立案的提案进行整理，并分类登记，分送行政主要领导或有关部门进行处理和实施，重大问题的提案应提交职代会讨论。

予以立案的情形包括：有关企事业单位贯彻执行党的方针政策和法律法规的建议和方案；围绕企事业单位发展规划和工作重点的事项；有关企事业单位生产经营、内部管理、技术进步、基本建设等方面的建议和方案；有关企事业单位内部管理、生活福利、职工培训和教育等方面的建议和方案；有关企事业单位改革发展、文化建设以及其他有利于单位总体利益的建议和方案；职工普遍关心的其他重要事项以及与职工切身利益相关的建议和方案。

不予以立案的情形包括：与法律法规政策规定不相符的提案；与企

事业单位情况不相符的提案；超出企事业单位管理权限和基层单位可以解决的提案以及上级已有明确规定的问题；企事业单位已经列入议事日程的事项；内容空洞，没有具体建议；属个人问题以及不宜列为提案的问题。

对不予以立案的，由工会或提案工作委员会（小组）采取修改、补充、合并、撤销等方式处理，具体包括：对案由和提案内容不符的，请提案人修改；对建议缺乏可操作性的，请提案人补充；对多个提案内容一样的，合并处理；内容没有实际意义的，予以撤销；对有实质内容，但无具体建议的，作为信息上报；不符合条件的，应尽快回复提案人并陈述理由。

五是执行。在确定具体实施部门以后，工会或提案工作委员会（小组）应督促其在一个月内根据提案要求制订落实的计划措施，做到“三定”，即定部门、定人员、定进度。工会或提案工作委员会（小组）对提案的落实情况进行检查和督促，加强同有关部门及提案人的沟通联系，为提案的实施创造条件。

六是反馈。立项的提案，不论是已落实的还是没有落实的，工会或提案工作委员会（小组）都要通过一定的形式（通常为书面形式）向提案人反馈处理结果，并征求提案人和附议人的意见。

七是总结。工会或提案工作委员会（小组）对提案的落实情况及时进行总结和归档，并形成书面报告，在下次职代会上报告提案的处理及落实情况。

36. 职代会提案与合理化建议有什么不同？

职代会提案与合理化建议作为企事业单位经常开展的一项活动，都是通过一定的形式广泛征集职工智慧和建议的民主活动，有助于企事业单位发展。虽然它们都表达职工的要求和愿望，但是，两者之间有着众多的不同。

（1）性质不同。职代会提案，一般是指职工代表对企事业单位生产经营管理、薪酬福利、劳动保护、生活福利、教育培训等方面，提请职代会讨论决定、立案处理的重大问题。职代会提案是具有中国特色基层民主的职代会制度的重要组成部分，是法定的职工民主管理形式。合理化建议，一般是指职工群众要求解决生产经营、单位管理、改革发展中的具体问题，向行政相关部门或工会提出的符合法律法规、具有可行性的改进完善意见。合理化建议是企事业单位发动职工献计出力的一项活动，在许多国家被广泛推行。

（2）内容广泛性不同。职代会提案内容相对广泛，可以对涉及单位改革和发展全局的重大事项提出建设性意见，也可以对职工普遍关心的其他重要事项提出具体建议，但不应超出职代会职权范围。合理化建议的内容通常是专门针对单位的生产经营和完善管理方面提出有关建议和意见，具有特定性。

（3）参与对象不同。职代会提案必须由职工代表提出，非正式职工代表一般不可以向职代会提出提案，也不可以作为附议人。而合理化建议是单位内所有职工都可以参与。

（4）征集时间不同。职代会提案一般在职代会召开前一段时间由工会发文征集，截止日期一般在职代会召开前几天。合理化建议基本上全年都在征集，当然也有单位习惯于把每年的某个月定为集中开展某项专题的合理化建议月。

（5）规范化程度不同。职代会提案的制度化、规范化程度较高，包括提案思路、规范填写、提交流程、评价奖励都有专门的制度规定。如一条完整的提案应包括案由、理由、整改办法或措施及提案人、附议人等内容。且提案一般应以书面方式提出，一事一案。相对而言，合理化建议的规范化程度较低，其随意性和自发性较强，甚至是停留在提案的初级阶段。它可以由职工个人或联合提出，不需要像提案那样有整改措施和附议人等内容。职工可以采取口头或书面形式，也可以是直接或间接地反映，一般不必立案。

37. 职工代表如何做好职代会提案工作？

（1）选好主题。职工代表要写出一份好的职代会提案，前提是要有个好的选题。选题通常有三种方式：一是自上而下式。这主要是指从单位要求或倡导做的工作方面选题。二是自下而上式。即从身边职工群众关心的热点问题入手，加以提炼。三是横向移植式。即借鉴其他单位好的经验，而本单位又可以参照推行的做法。具体来说，职工代表选题时应注意以下几个方面。

围绕中心工作，反映大事。要围绕单位的中心工作及重大问题，职工群众普遍关心、重视、有意见或反映强烈而单位还未注意到的问题，或单位正急于寻找出路和办法的问题，而不是仅局限在一些小的、枝节的问题上或反映鸡毛蒜皮的小事。

结合本职工作。俗话说“隔行如隔山”。提案最好在自己熟悉的领域去选题，如可重点结合自己的专业或所从事的工作岗位，查找工作中存在的问题，并提出相应的建议。不熟悉的领域不是不可以提，但有一定的难度或局限。只有选择那些自己熟悉的、信息资料数据相对完备的题目内容，并结合自己的切身体会来写，才能撰写出具有较高质量的提案。

找准切入点。在选题过程中，既要找重心，又要善于发现“薄弱点”。对有些需要多部门统一协调解决，政策落实还没有完全到位，以及职工群众反映强烈需要立即解决的问题等，要从宏观方面着眼，从微观方面入手，选好角度，找准切入点，进行认真研究，找出原因，提出建议。比如建立薪资福利构成查询系统，改进生产管理流程、改善食堂伙食、加强技能培训等，都可以作为提案的内容，关键在于职工代表用心去发现和总结。

总之，选题无处不在，关键在于发现。职工代表要做善于观察和发现问题的有心人，提案的选题就是产生于日常工作和生活中的，而不是到了职代会召开之前再刻意寻找。比如，有时候单位同事聚在一块儿谈起对单位某些制度有想法，或是觉得什么方面做得不到位，作为职工代表，就要做到听者有意，仔细分析这些问题是不是真的存在，是不是影响到单位的发展和职工工作的积极性。当然，提案的选题还可以来源于工会组织的职工代表巡视检查，以及职工代表监督职代会决议、集体合同落实的过程中发现的一些问题和舆情民意，等等。

（2）开展调查研究。一项好的提案往往来自大量的调查研究，具有翔实的数据、大量的说理和好的举措建议。因此，做好提案的调研工作，是保证提案质量的关键。职工代表要采用合适的方法来了解情况、把握问题。提案是要提出问题并解决问题的，提案产生过程中的调查研究有别于一般的调查研究，其特点是针对性强。只有深入调查研究，掌握第一手资料，才能使提案言之有据、客观真实，并做到言之有理。

在选好提案的题目后，职工代表就要深入实际进行调研，从中掌握第一手资料。同时，要尽可能地收集与选题相关的内容与信息，进行分类整理。调研中要注重了解全面情况，既要了解好的一面，又要了解差的一面；既要同有关部门了解问题，又要倾听职工的意见和要求，有时候还要注意倾听专家的意见，更好地把握材料的准确性，得出的结论要经得起推敲。

在提案中，千万不能出现“听说”“据反映”之类的话。不做任何调查研究，没有任何准备，临时上阵，一拍脑袋“信手拈来”的“即兴之作”，不可能提出解决问题的措施。即使提了，也不可能提到点子上，或缺乏可操作性。

微案例

上海豫园商场股份公司自民营资本控股并管理之后，曾经一度出现“资本说了算”“民营企业不需要民主管理”的现象，公司工会主席据理力争，并坚持在职工代表提案质量上做文章，为企业发展献计献策，最终取得了管理方的理解和支持。每次企业开职代会之前，职工代表就围绕几个重点主题，分成几路进行认真调研。

多年来，他们在企业的管理模式、企业行政与职工应建立沟通交流渠道、企业团队精神等方面提了许多提案。对这些提案，企业工会通过设立职工代表论坛，发布各自的提案建议，从而在企业中形成了一种共促发展的良好氛围，得到了企业管理方的尊重、重视和支持。公司董事长曾数次在职代会上发表感言，并通过豫园商城报以"感谢、欣赏、倡导"为题，感谢职工代表对公司发展的关心、理解和参与。

（3）集思广益深入分析。职工代表在参与提案工作时一定要善于听取各方面的意见和建议，避免片面性，特别要避免闭门造车，否则写出来的提案很难体现客观实际和职工意愿。与此同时，还要有团队精神，一定要杜绝个人主义。提案人和附议人要通力合作，发挥集体的智慧和力量，针对选题进行深入的分析思考，提出切实可行的解决办法。

通常来说，一份好的提案必须做到有情况、有分析、有具体的建议。选题和调查分析是提案的基础，提案质量能不能上一个层次的关键还要看对策和建议写得怎么样，它是整个提案的点睛之处，集中反映提案的目的、愿望和要求。要提出可操作性的对策建议，需要提案人和附议人共同讨论，发挥集体智慧的力量。一般来说，经过认真调研、反复思考后提出的提案，其建议部分通常针对性强，便于承办单位操作。比如，有个公司职工代表发现现在对外工作联络的方式多数需要手机联系，从而产生了较大的通信费负担。针对这一问题，他联合另外几位职工代表在各部门同事中进行了深入的调研了解，在分析职工需求的基础上，共同向公司职代会提交了一份提案，通过以数据说话，建议根据岗位分工，适当给予通信费补贴，同时，参照其他单位的做法，建议公司与中国移动联系，加入"集团优惠活动"。这一提案得到了公司的高度重视，立案落实后产生了非常好的效果，得到了广大职工的一致好评。但是，如果提案人对自己的建议、要求表述不清或不够明确，含含糊糊，或要求不够合理，或可行性差，必将造成承办单位难以办理，无法有针对性地作出答复，即使论据充分，也势必降低提案的价值，很难收到预期效果。

（4）规范撰写提案。一条完整的提案应包括案由、理由、整改办法或措施，提案人及附议人、提案日期等基本要素。案由是指提案的题目，即要求提案人用简明的文字说明提案要求解决什么问题，案由和提案内容要一致。提案人是指提出提案的职工代表姓名。一般每个提案都要有一个提案人和两个以上的附议人。联名提案时，发起人应当作为第一提案人。提案主体内容通常包括两个部分：一是事由及政策依据。它是提案的核心部分，要有情况、有分析，实事求是，简明扼要，切忌笼统、空泛。二是建议及解决措施。针对案由反映的问题，提出自己对解决问题的主张和办法。提案要一事一案，切忌在一个提案表上出现几件事情，否则不仅问题讲不清，也无法确定承办单位。在内容上，提案要体现系统性、完整性的见解。尤其需要注意的是，提案不是提意见，切不可只讲问题、现象、表现，不讲对策、措施和建议，提案的宗旨是需要职工代表抱着主人翁的态度发现问题，提出对策，为单位领导改进生产经营和管理出谋划策。

下面，我们来看几份撰写不规范的提案，它们的共同问题是对提案的基本要求把握不到位。

微案例

减员增效要狠下决心

提案理由：目前企业人员太多，导致工作效率低下，造成企业包袱太重、亏损严重。建议如下：

（1）大力压缩非生产性人员，从领导干部做起。

（2）打破人情关，企业决策层要真正以大局为重，不要叫在口上，要有实际行动。

（3）实行岗位、部门兼并，压缩机关编制，主业一线裁员不是出路。

点评：这份提案的对策建议部分相对到位，但对问题陈述及分析却过于简单，所以它的缺点是基本要素不全、行文结构不够规范，不能算是一份好提案。

改革现行的“评功评先”表彰活动

提案理由：以往的“评功评先”是在分配体系、奖励机制不够完善的情况下产生的，目的是通过树典型来带动职工的积极性和创造性，起到了鼓励先进、带动后进的作用。现在，随着企业改革的不断深入，改革了过去的分配制度，职工的贡献大小、劳动强度直接与经济利益挂钩，工人的劳动成果得到了回报。所以，“评功评先”活动应改革。

点评：这份提案的主要问题在于基本要素欠缺，只提出问题，却没有相应的对策建议。而提案最重要的是提案人对这个问题怎么看，有什么好的解决办法，为企事业单位及相关职能部门完善管理出谋划策。

总之，一份规范的提案应该符合几个方面的要求：一是要素完备，符合要求；二是内容真实，完整准确；三是语言恰当，言简意赅；四是格式规范，一案一表。

此外，一份高质量的提案还应具备以下几个特征。

一是严肃严谨性。提案的严肃性是由职代会的重要地位所决定的，主要表现为：首先，从提案内容上应是围绕企事业单位发展的大政方针，群众生活的重要问题，不是个人的事情或牢骚。其次，提案是向职代会提出的，要经提案委员会依据一定标准进行审查立案，并转交有关部门办理。这个程序本身就意味着提案是一种严肃行为。最后，提案是职工代表所特有的民主权利。要符合提案的严谨性，要求提案人认真做到：一是选题要精。要紧紧围绕企事业单位的发展以及职工普遍关注的重大问题提出提案。二是位置要正。要站在履行职责的角度，抓住工作重点，谋求发展思路，寻求发展对策，探讨发展趋向。三是案由要明。提案要直奔主题，内容要言简意赅。

二是科学合理性。提案的科学合理性，就是要做到监督有理、建议有方、落实有力。一是求准。提案必须符合法律法规，以单位发展为第一要务，理由准确，切入主题，内容简明，说理充分，不转弯抹角，不添油加醋。二是求真。努力做到言之有理、持之有据、行之有效。三是求实。首先内容要具体，实事求是，符合客观实际；其次方法要实在，多提建议少指责，多出点子少点岔子，尽量得到多方的理解和支持。

三是操作可行性。提案的操作可行性主要指提出的建议、意见和要求，应具有实施的条件和可能，具有可操作性。一是要适度，做到不但有情况、有问题、有分析，更重要的是要有解决问题的具体办法和措施。二是要适情，建议办法既要着眼紧迫问题的解决，又要重视有关政策的配套；既要考虑单位的力所能及，又要想到职工群众的承受能力，使所提建议尽量符合实际；既是应办的，也是可办的，又是能办的。三是要适时，就是要把握过犹不及的观点，不放马后炮。

职工代表撰写提案要符合以上几方面的要求，在提案有了大致思路甚至形成初稿以后，需要静下心来，反复推敲打磨，努力做到以下几点。

一是撰写要有新意。写提案是为了帮助单位正确决策、改进工作，提供有价值的建议和意见。因此，提案撰写尽可能要有新意。对于相同的主题，要从新的角度去阐述，运用各种生动、有说服力的新材料和典型案例去求新，同时，要用一些新的语言，增强感染力。

二是说理分析要深刻。提案只有提得到位，写得深刻，有内容、有高度，才能发人深思，给人启迪，才能对实际工作起到指导和推动作用。因此，撰写提案要尽可能地展开来写，由表及里，由近及远，充分说理，才能加深领导对这一问题的认识，并引起重视加以解决落实。

三是建议要具体。对策建议部分是提案的关键，集中反映提案目的，也反映提案人献计献策的水平。提案中的建议部分，一定要有可操作性，不能只有看法，没有办法，或者办法很笼统。这样，承办单位落实起来就难以下手。提案人一定要在这部分多下功夫，将自己置身于承办单位的位置认真思考，力求建议、意见具体，办法、措施可行。如有职工代表提出职工对个人的工资、奖金及各项福利待遇不清楚，对历年的收入变化也没有很明确的记忆，建议开通内部 OA 网上查询系统，经调研，实现网上查询功能在技术上是可行的。这个提案立案后，相关职能部门和技术部门很快作出回应，获得领导批准后，立即组织实施，取得了很好的反响。

下面几份提案，尽管不是很完善，但基本符合提案的要求，如基本要素齐备，问题与对策分析比较到位，文字表述言简意赅，相应建议能够为企事业单位提供有价值的解决思路，以供读者参考。

培养一流人才，需要营造一流的育人环境

事由：

习近平总书记在全国高校思想政治工作会上的讲话指出："我们对高等教育的需要比以往任何时候都更加迫切，对科学知识和卓越人才的渴求比以往任何时候都更加强烈。""办好我国高校，办出世界一流大学，必须牢牢抓住全面提高人才培养能力这个核心点，并以此来带动高校其他工作。"国务院印发的《统筹推进世界一流大学和一流学科建设总体方案》，明确提出 10 项重点任务，"突出人才培养的核心地位，着力培养具有国家使命感和社会责任心，富有创新精神和实践能力的各类创新型、应用型、复合型的优秀人才"位于重点任务的前列。而培养一流的人才，需要一流的土壤和环境，最重要的是需要形成全员育人的氛围和环境。

建议措施：

1. 将人才培养摆在学校工作更加突出的位置。紧紧围绕立德树人根本任务，坚持育人为本、质量为先，培养具有高度的国家使命感和社会责任感，具备科学基础、人文素养、实践能力和国际视野的卓越英才和一流的工程科技人才。

2. 坚持并全面落实以学生为中心的理念。通过完善评价考核机制将教书育人、科研育人、实践育人、管理育人、服务育人、文化育人、组织育人和协同育人的理念落到实处。切实落实学校的资源配置、政策支持更多地向人才培养倾斜。当务之急是改造提升学生生活基本设施，改善管理人员工作态度。如女生浴室基本条件不必花费很多就得以改善，但使学生感受到关心；转变个别宿管阿姨颐指气使的态度，让学生感受到温暖；等等。

3. 探索创新人才培养新模式。总结以往做法，借鉴国内外一流高校经验，在探索大类培养、专业培养、多元培养相结合的新型人才培养模式的基础上，提高学生探索热情和创新意识与能力，拓宽国际视野，实现人才培养效果与质量的全面提升。

4. 构建良好的育人体系与育人环境。从教育教学理念、治理模式、生态环境、资源平台等方面入手，构建实现全人教育、强化人格养成、体现因材施教、注重学科交叉的人才培养体系，在“新工科”的建设与发展过程中优化结构、提高质量，促进内涵式发展与转变。

关于建立校教学名师示范性授课机制的提案

随着高等教育的发展需求，学校师资队伍中人才引进工作是越来越重视，青年教师引进人数增加很快。师资队伍中大批青年博士进入高校，必将成为高校教学的主力军。但是，很多高学历的青年博士非师范类高校毕业，走上讲台时缺乏相应的教学经验，“授课能力不强，教学手段单一”是影响教学效果的主要问题。为充分重视本科教学工作，重视师资队伍建设，如何提升高校青年教师教学能力已成为亟待解决的关键问题。为此，建议建立校教学名师示范性授课机制：

1. 充分利用学校现有的教学能手，建立“校级教学名师示范性授课机制”。每学期在青年教师中定期或不定期地组织开展“教学名师示范性授课”活动，组织青年教师观摩学习，切实发挥教学名师的作用，让学校的教学名师发挥应有的示范作用。

2. 学校教务处或人事处建立各级各类教学竞赛获奖人员信息库。让教学名师的资源得以共享，为“校级教学名师示范性授课活动”所用。

3. 学校每两年定期举行一次青年教师讲课大赛，提升学校青年教师教学能力，对获奖的青年教师在职称晋升中给予优先权。

4. 为鼓励带教老师更多关心青年教师在教学中的进步，对在“讲课大赛”中获奖的青年教师的带教老师也要宣传、鼓励、奖励，营造人人重视本科教学工作的良好氛围。

38. 职工代表参与职代会提案工作需要注意哪些事项？

提案作为职工代表履行职责的一种重要方式，在促进企事业单位发展和生产经营管理，以及关心职工、关注民生等方面有着不可替代的作用。但从客观上看，目前提案质量不高是各单位普遍存在的问题，主要表现为“三多三少”：反映微观事情多，考虑宏观事情少；站在局部立场提意见多，致使有的提案成了要钱要物的“资金申请表”，站在全局高度看问题少；知下情的多，知上情的少。此外，还或多或少地存在“乱、空、怠”的现象。“乱”是指部分提案内容在语言文字的表述上思路欠清晰、逻辑较混乱，此类提案给职能部门在处理时增加难度，一定程度上影响了提案办理、回复的效率；“空”是指部分提案所提问题太过宏观，建议笼统，可行性差，或缺乏可操作的具体措施；“怠”是指部分职工代表在撰写提案时态度随意，没有做认真的调查研究，所提内容没有参到点子上。

究其原因，这主要与职工代表的综合素质和知情程度有较大关系。一是与职工代表的思想觉悟、知识结构等综合素质有关。事实证明，职工代表能否敏锐地发现问题，并加以调查研究，弄清情况，归纳提炼，提出可行的方案，很大程度上取决于职工代表的综合素质高低。二是由于职工代表所处环境和所从事工作等因素，知情面窄。多数职工代表掌握的信息资源有限，很难了解企事业单位当前对某个问题已经解决到什么程度，或者说是已经出台或正准备出台哪些政策措施。三是有的提案是在参加职代会时临时提出，缺少深入的分析思考，反复推敲不够，影响了提案质量。

通常来说，职工代表要写出一份好的提案，首先是观念，其次是方法，最后是能力。为此，职工代表要努力做到以下几点：

（1）转变观念。一名优秀的员工，不但本职工作要做好，还必须关心单位的发展，关注自己周围的人和事。做好职代会的提案工作，是一名职工代表应尽的义务。它从一个侧面反映了职工代表的责任心和对企事业单位发展、职工利益的关心程度。过去我们往往抱怨，职工的想法和意见没有渠道上达到领导层，引起领导的关注和改进。实质上，职代会提案工作就是一种职工表达意愿和诉求的具体通道，因此，职工代表必须高度重视，并以主人翁的态度积极参与进来，把握好机会，切实履行好代表职责，将职工群众最为关注的问题提升到职代会层面来进行讨论并解决。

（2）掌握方法。职工代表要细心观察、主动思考才能提出好的提案。职工代表要知情明政，了解职工的所思所想，善于总结规律发现问题，从感性认识上升为理性思考。只有这样，提出的提案才更具有针对性、可行性。职工代表在撰写提案时，要简明扼要、主题突出，让人很清楚地看到提案人发现的问题，以及相应措施和建议。

（3）提升能力。一是要提高遴选问题的能力。职工代表要选择职工群众所关心、反映强烈，特别是带有综合性、战略性、前瞻性的问题提出提案。二是要提高调查研究的能力。职工代表要把调研作为开展工作的根本。做到腿勤，经常深入基层，深入群众，以宽广的胸怀、恭谦的态度听取各方面的意见建议；做到脑勤，经常关注本行业大事要事，关注制约企业发展的难点问题和职工群众关心的热点问题；做到手勤，多做工作笔记，注重企情民意的收集、整理和更新。三是要提高解决问题的能力。要充分发挥职工代表多数来自基层、熟悉基层情况、精通业务工作的优势，为企事业单位的决策提供切实可行的事实依据和对策建议。

39. 职工代表履职的常见误区有哪些？

在履职过程中，部分职工代表通常存在一些认识上的误区，导致责任意识缺失，影响了代表作用的发挥。这主要表现在以下几个方面。

（1）只代表个人意见。第一种表现是只考虑个人利益和眼前利益，不顾社会、集体的整体利益、长远利益和共同利益，被群众称为“个人代表”。第二种表现是经常说“只代表个人意见”，忘记自己所肩负的是职工群众的重托和期盼，被群众称为“不是代表”。应该说，职工代表是职工和代表身份的组合，它是由选区职工选举出来的，肩负着选区职工的使命和信任。如果仅仅局限于“我只代表我个人”，而抛开选区职工这个前缀，那代言人的身份将变得徒有虚名。第三种表现是没有经过调查研究，经常“随便说说”。这种代表的话，让大家感觉可有可无，很不负责任。

（2）混同于一般职工。第一种表现是总是保持沉默。部分职工代表感觉事情跟自己无关就不表态，故作镇静，有时又怕讲话被人误解，认为自己开会时是代表，会议结束后还是职工，没有必要去较真，所以选择沉默。第二种表现是经常抱怨或总是投反对票。部分职工代表总觉得自己工作得不到重视，才能得不到发挥，待遇得不到保障，因而常常抱怨。在职代会上，不管是什么事，他都一概表示反对。

（3）行为错位。第一种表现是向下错位。当个别职工对自己工作不满或对某些事情有想法或情绪的时候，职工代表老想扮演“老好人”的角色，随声附和，表示同情或支持，甚至还帮助指出单位存在的各种问题，没有原则性，或缺乏基本的是非标准和价值判断。第二种表现是向上错位。有些职工代表喜欢做单位行为对错的“法官”，时常怀疑单位的各项工作，天天替领导层操心。当自己的建议没有被采纳时，就认为领导“昏庸”。第三种表现是自我错位。部分职工代表往往是会上一套，会后一套，给人感觉是个双面人。第四种表现是惰性代表。部分职工代表不愿意或不善于洞察职工群众的意愿、反映职工群众的诉求，使自己游离于职工群众之外，我行我素。

（4）荣誉代表。部分代表是因单位出于某种考虑，被推荐产生。因而他当选为职工代表后，把职工代表身份看成是一种荣誉或象征，表达意见时完全听从于单位方的安排，几乎成为一种摆设，被职工群众称为“签名代表”“举手代表”“鼓掌代表”。应该说，职工代表不仅是一种荣誉，更是一份职责，是选区职工相信他，赋予他代言的权利。不论是何种背景当选为职工代表的人，都要背负起一种责任与义务，要将这种身份当作一种必须完成的重托，大胆地参政议政。

此外，职工代表在职代会上，对一些重要议题审议、讨论时，通常需要职工代表发言以简洁明了的方式表达意见，但也有部分代表的发言尤其是开场白与职代会主题相差甚远，最常见的情形为：一是客套话过多。比如，“听了领导作的工作报告，我深受鼓舞，倍感兴奋……”这种代表的发言往往没有实质内容。二是喜欢“戴高帽”。有些代表在正式发言前，总喜欢加上一句：“感谢单位领导给我这样一个机会，有幸参加这样的讨论会……”三是过于显摆功。在参加分组审议行政工作报告，特别是有单位领导参加时，有些代表一开始，就汇报“工作成绩”，以“表扬”自己为主。

总之，职工代表参加职代会，听取、审议和表决单位的行政工作报告或相关方案草案，不仅是代表职工依法行使民主权利，更是履行职工代表的神圣职责。职工代表不能忘记选区职工寄予的希望，要认真履行代表职责，多从单位整体利益和选区职工的角度出发，在职代会上代言发声，多提有建设性的意见。

40. 为什么要开展职工代表述职评议工作？

职工代表是由选区职工民主选举产生的，是受选区职工的权利委托和权力赋予代表选区职工参与企事业单位民主管理，职工代表应当对选区职工负责，成为他们利益的代表者和维护者。职工代表既然是受选区职工的委托和授权，拥有代表选区职工参与企事业单位民主管理的权利的同时，有义务向选区职工通报代表职工参加职代会活动的情况和汇报履行职工代表职责的情况，接受选区职工的评议和监督。对职工代表履职加以适当的监督，有利于进一步明确职工代表的代表职责，增强职工代表的责任意识、服务意识。

职工代表述职评议是指职工代表在原选举区向职工报告工作，并接受职工的评议和监督。它是职代会的一项重要工作制度，是督促职工代表履行职责、发挥作用的重要制度保证。推进职工代表述职评议工作的重要意义在于：有利于对职工代表行为实施有效监督；有利于密切职工代表与职工的联系，促使职工代表进一步认清他们与职工间是产生与被产生、选举与被选举、监督与被监督的关系，促使职工代表尊重职工，热爱职工，深入基层，听取职工呼声，反映职工诉求，竭诚为职工服务。

此外，职工代表向职工述职、接受评议的过程，既是给代表“施压”的过程，也是提高其素质的一条重要途径。让职工进行评议，无疑会增加代表的压力感，督促其平时加强学习，联系群众，认真从职工提出的建议和意见中找出关键问题，从而更好地代表职工行使职权。所以，代表述职、职工评议代表，是提高代表素质、激活代表工作的有效途径，它能充分调动职工代表履行职责的积极性和责任感，推进企事业单位的民主管理进程。

为此，为了提高职工代表的责任心和使命感，自觉接受职工群众的监督，提高职代会质量，许多单位都制定实施了职工代表述职评议制度。

微案例

上海石化公司推出《职代会代表管理办法》，实施职工代表“承诺制、考核制、激励制”管理，有效提升职工代表的参政议政能力。他们要求职工代表通过在承诺文本上签名承诺履行职工代表职责，增强职工代表责任意识。他们把职工代表参加会议情况、民主评议、提案工作、上下沟通等列为主要承诺内容。利用各代表团组的定期活动平台，对职工代表的承诺内容进行讲评，相互交流代表工作心得和调研工作信息，使职工关注的热点问题、企业的发展问题及时形成提案，提高代表参政议政能力。通过职代会考评、团组评议和自我评价多方面综合考察职工代表履职情况，督促职工代表有所作为。各代表团组根据职工代表参加团组讨论及发言情况，对提案的选题、调研、交流和撰写情况，以及履行联系、沟通、宣传等职责情况等进行季度评议。职代会考评内容主要为职工代表参加职代会有关会议与培训情况，参与职代会提案、民主评议、巡视评估工作等情况，审议行政工作报告等职代会有关文件的意见和建议情况。自我评价由职工代表本人根据《职工代表手册》的相关内容进行记录，并针对自身履行职代会代表权利与义务情况进行自我评价。通过每年在职代会上对优秀职工代表进行表彰奖励，以充分调动职工代表履职的积极性和主动性。

41. 职工代表如何向选区职工进行述职?

职工代表可以定期向选区职工就一段时间内（通常为一年），参加职代会及其各项活动和履行职责的情况进行述职，述职要讲清参与审议提出意见和建议的情况，参加审议表决的情况，反映职工群众利益诉求的情况，提出相关提案的情况，以及加强自身学习、提高履职能力等方面的情况。具体包括：①职工代表在参加职代会讨论审议重大决策、决定和涉及职工切身利益重大事项中做了哪些工作？②职工代表在宣传贯彻职代会精神、落实职代会决议方面做了哪些工作？③职工代表在广泛发动职工群众，积极征集和收集职工提案中做了哪些工作？④职工代表在职代会闭会期间，参与民主监督、民主管理活动中做了哪些工作？⑤职工代表在巡视检查活动中，是否及时把身边职工反映强烈的热点、难点、重点问题反映上来，为领导正确决策当好参谋；⑥职工代表在监督本单位搞好厂务公开、事务公开中做了哪些工作？⑦职工代表在维护职工合法权益，敢于同损害国家、集体、职工利益的行为作斗争中做了哪些工作？⑧职工代表自身学习和参政议政能力提升的有关情况；⑨其他需要说明的有关问题。

述职方式原则上为职工代表每年在本选区职工大会（或职代会）上作一次述职报告。基本程序为：①本单位职工代表述职评议领导小组于会前 15 日向被评议职工代表发出通知。②被评议的职工代表根据通知精神，认真写出述职报告。③被评议的职工代表在职工大会（或职代会）上向参会人员述职。④职工大会（或职代会）参会人员听取职工代表述职后，以无记名方式对被评议职工代表进行评议。评议时发给职工代表测评表，测评表分优秀、称职、基本称职、不称职。⑤职工代表述职评议领导小组根据大会选出的监票员、计票员所汇总统计的评议结果，当场向全体人员公布评议结果。选区内的职工有权对不履行或无法履行代表职责的职工代表提出撤免建议。

职工代表在起草述职报告时，一定要先梳理自己作为职工代表所做的主要工作，以及存在哪些问题和今后的努力方向或打算，等等，最后将它体现在述职报告里。

延伸阅读

职工代表述职报告

回顾一年来的工作，在同志们的支持下，我作为门诊部的一名公司职工代表，及时反映职工的意见和呼声，认真行使代表的权利，履行相应的义务，较好地兑现了当初的竞选诺言。具体来说，我的工作述职如下：

（一）代表职工利益，积极反映职工意见

职工代表是公司与广大职工之间联系的桥梁，是广大职工心声的反映者，起着一种承上启下的纽带作用。在平日的工作里，我认真履行职工代表的职责，广泛听取群众的意见建议，及时将职工提出的建议和意见进行整理，按照相关程序及时向上级反馈，做到了件件有回音。在职代会提案征集中，我认真开展调查研究，并与职工进行广泛讨论，去年提交的《关于以多种形式开展安全生产与职业健康教育的提案》被公司迅速采纳立案，并被评为公司年度优秀提案。该提案经有关部门承办落实后，取得了很好的效果，受到了广泛好评。

（二）认真参加职代会，会后传达宣传职代会精神，执行职代会决议

在职代会召开前，我认真召开本部门的民主议事会，广泛征求部门同志的意见建议，调动每位职工以主人翁的态度参与公司的经营管理，引导职工为公司的发展建言献策。在职代会上，我认真聆听和学习公司领导所做的工作报告，充分行使好审议或表决权。会后，深刻领悟公司的职代会精神，积极传达公司的职代会决议，带头执行职代会的各种要求，用心引导职工把思想和行动与公司的发展要求统一起来，把职责落实到具体工作中，在企业和职工之间确实起到了沟通、交流的信息桥梁

作用，从而较好地提高了职工工作的积极性和主动性。

（三）加强自身素质建设，端正服务态度，持续思想上的先进性

一年来我始终坚持理论学习，坚信政治思想工作是提高服务质量的基本保证，因此本人用心参加公司的政治学习，着力提高思想政治素质，并且在工作中真正起到了共产党员的先锋模范带头作用，用心拓展视野放宽思路，不断提升自身理论水平，牢固树立一切为患者着想的服务意识，引领全体医护人员热情周到对待每位患者，精心诊断，及时治疗，遇有诊治困难的及时联系转诊。

（四）坚持健康宣传，提倡健康生活方式，发奋把职工的保健工作做在首位

为了提高职工的防病保健意识和增加保健知识，在日常工作中加强了健康宣教，同时还创办了《健康视角》，针对常见病、多发病，用通俗易懂的方式说防病保健知识，深受广大职工的欢迎。每年组织一次职工健康体检，并根据体检结果分析许多疾病是由于不良的生活方式造成的，因此深入基层举办了多次健康专题讲座，使职工了解了如何合理安排日常的饮食结构，如何持续良好心态及怎样改变不良习惯，等等，使职工深受启发，起到了很好的效果。公司工程多、工地分散、民工多、工作量大给现场职工的保健工作带来困难，我用心协调克服困难多次下现场为农民工体检，并进行现场急救知识讲座782人次，全年共为现场职工体检1268人，有效地保障了工期的顺利进行，为工程的顺利竣工贡献出了我们门诊部的一份力量。

（五）存在的不足及今后努力方向

作为职工代表，我做了一些应该做的工作，内心感到很充实，但离领导的要求、职工的厚望还有很大的差距。本人在工作中认识到自身素质有待进一步提高，而且代表作用发挥得还很不够。今后，我会更加发奋提高自身政治理论素质和工作水平，以更高的目标，更严格的要求，更饱满的工作热情和更加勤奋的工作精神，发挥职工代表的最大作用，为促进公司发展做出积极贡献。

四 企事业单位工会与职工代表履职保障

42. 企事业单位工会如何为职工代表履职创造条件？

职工代表履职及其作用的充分发挥，不仅需要职工代表个人的积极努力，发挥主观能动性，同时也需要企事业单位建立健全相应的制度，创造宽松的环境，为职工代表履职提供便利条件，以保障职工代表民主管理权利的落实。为此，作为职代会的工作机构，企事业单位工会要加强引导，积极推进职工代表履行职责。

（1）认真推进各项民主管理活动，组织职工代表行使民主管理权利。

①认真组织职代会和厂务公开。职代会是职工代表参与企事业单位民主管理的主体平台。与此同时，厂务公开能够为职工代表参政议政提供相应的信息支撑。企事业单位工会要依法依规推进本单位的职代会制度建设，通过健全完善相应的组织制度和工作制度，为职工代表参与管理、履行职责提供有力的组织保障，切实推动职工代表审议、表决、评议、监督、选举等各项民主权利的落实。

②组织职工代表开展职代会提案工作。职工代表通过提案工作行使民主参与权利，是职工代表参与企事业单位民主管理的重要实现途径。企事业单位工会应重视职代会提案工作。一方面，工会要帮助和指导职工代表找准提案的切入点；为职工代表开展提案工作提供政策咨询、业务培训等基础性服务工作；要针对职工代表提案工作中涉及的热点、难点问题开展调查研究，帮助职工代表准确地寻找问题症结，提出切实可行的改进措施和方案；指导和帮助职工代表规范地撰写提案。另一方面，工会应认真做好提案的跟踪、督办工作，并及时将办理情况向提案人反馈。

③组织职工代表开展巡视检查、质量评估活动。在职代会闭会期

间，工会应组织职工代表对本单位职代会决议、决定落实情况等开展巡视检查。就巡视检查中反映出的问题和不足，工会会同企事业单位进行研究，提出整改意见，落实整改。与此同时，工会要教育引导职工代表珍惜并正确行使民主权利，全面、客观、公正地对职代会制度运行情况进行评价；要把质量评估工作作为促进职代会制度持续改进的有效抓手，鼓励职工代表对职代会运行过程中的薄弱环节提出对策、建议，不断提升职代会的运行质量。

此外，企事业单位工会要引导职工代表发挥主观能动性，充分听取职工群众的意见，能结合单位的客观实际提出合理化、建设性的意见和建议。尤其是要有针对性地做好职工群众反映强烈的热点、难点问题的深入调查研究，并提出相应的解决办法或思路。工会每年还应该至少组织几次职工代表上岗活动，上岗活动的内容包括检查安全生产活动，走访群众、收集民意活动，参与党政工联席会议活动等。通过组织这些活动，职工代表处于经常的参政议政状态之中，在活动中提高参与意识和参政水平。

发挥职工代表作用　创新活动载体战暑运

2018年暑运期间，沈阳铁路局沈阳南站工会为更好地发挥工会组织作用，切实发挥职工代表作用，广泛征求合理化建议，积极创新活动载体战暑运。

一是聚焦职工意愿，做好顶层设计。暑运中，车站工会组织人员先后6次深入科室、车间进行调研，广泛听取职工代表和一线干部职工的意见和建议，在送雪糕、送西瓜、买凉席等一系列为职工送清凉动作的基础上，针对职工可能出现的高温烦躁心情，最终确定了在车站西站房开展“战高温，保暑运”趣味运动会的方案。为了吸引更多的职工参与，按照倒班情况，活动期定为3天。同时多方面考虑职工的体力、精力和耐力，精心设计了跳绳、袋鼠跳、夹球等5个职工喜闻乐见的项目。

二是紧盯活动过程，激发职工斗志。“战高温，保暑运”趣味运动会活动中，全站158名干部职工积极参与，各科室车间组队18支，职工自发组队8支。无论是赛前的加油鼓劲、精心谋划，赛中的密切配合、出谋划策，还是赛后的经验总结、激情一跃，都是智慧和体力的较量，是工作压力的有效释放，是团结协作的完美比拼，是士气鼓舞的有力体现，充分展现了沈阳南站干部职工奋力拼搏、不服输的精神和团结和谐的精神风貌，有效激发了职工合力战暑运的斗志。

三是注重效果延续，凝聚战暑运合力。车站工会认真听取职工代表的建议，活动结束后，充分发挥各基层工会小组的作用，让活动成效在职工心中进一步发酵。在车站信息化管理平台、《新风》站报、微信群等自媒体广泛宣传，刊登活动照片，刊发职工切身体会，职工纷纷表示：要立足岗位，战胜酷暑炎热，绝对确保暑运安全畅通、旅客安全出行。通过开展系列活动，有效激发了全站广大职工对抗酷暑、战高温、为旅客提供优质服务的决心和信心，为保证暑运工作取得全胜奠定了坚实基础。

（2）加强对职工代表的管理，调动职工代表参与民主管理的积极性。

①健全管理制度，加强基础管理。企事业单位工会应结合本单位的实际，通过制定《职代会实施办法》《职工代表管理办法》《职工代表学习制度》《职工代表述职制度》《职工代表考核制度》《职工代表选举及补选制度》《代表提案及审议办法》等具有针对性及可操作性的管理制度，细化职工代表职责，作为职工代表行使职责的指导性依据，引导职工代表认真履职。如宝钢集团五钢公司对职工代表提出“五个一”的要求，即要求每个代表在届内参加不少于一次民管工作的学习培训，每年至少反映一条有质量的厂情民意，在届内参加不少于一次民主管理实践活动，在届内提出不少于一条的合理化建议，在届内参与不少于一

次的提案活动等，督促职工代表发挥相应作用。还有一家单位要求职工代表每月与选区职工交流，家访不少于两次，对职工意见要及时梳理、答复，对职工的实际困难尽力解决，不能解决的要及时上报，由上级组织合力解决。这些都是非常好的做法，能够有效地引导并督促职工代表联系职工，发挥代表作用。与此同时，企事业单位工会还应做好职工代表的基础管理工作，包括建立职工代表信息库和档案管理，当选区内职工代表出现缺额时，应及时组织选区职工进行补选，并切实加强对职工代表的考核、管理和教育培训等工作。

微案例

为持续推进以职工代表大会为基本形式的企业基层民主管理制度，建立职工代表量化管理工作长效机制，创新思路，打造亮点，积极探索新形势下企业民主管理工作的新路径。河南能源义煤公司新安煤矿工会结合自身实际，在全矿实行职工代表积分管理，切实当好广大职工群众的代言人，以自身的作风转变赢取职工的信任和拥护。

该矿将职工代表积分管理纳入区队级“职工之家”建设内容，要求各单位职工代表紧紧围绕企业当前“保生存、稳运行、提质增效”工作大局，增强参与民主管理的能力，发挥职工代表在职工群众中的骨干带头作用。积分管理百分制考核主要围绕职工代表参与竞选、参加培训、职工代表“双亮”、密切联系职工、撰写提案、参加职代会、贯彻职代会决定决议、参加民主管理活动、述职、接受评议共十项内容。该矿工会为每个职工代表发放《职工代表工作手册》。职工代表积分管理由职工代表所在职代会工作机构负责，每年至少组织一次评定。职工代表首先按积分管理的内容记好《职工代表工作手册》，填写《职工代表积分表》，进行自评打分。其次基层单位根据职工代表积分管理的内容和职工代表上报的《职工代表工作手册》《职工代表积分表》进行审核评定。最后基层工会汇总整理后，在职代会上公布职工代表积分情况，由职代会确认职工代表积分并公示。年度内依据职工代表积分情况，向本级职代会提出表彰奖励优秀职工代表和对不称职职工代表依据规定撤换的建议，由本级职代会作出决定，结果在企务公开栏公示，以完善职工代表激励机制和退出机制。

通过实行积分管理，实现量化考核，拓宽职工代表参与民主管理渠道，调动企业和职工代表开展民主管理工作的积极性，不断提升参与企业民主管理的能力，积极履行义务，切实保障和落实职工民主权利，发展和谐劳动关系，促进新安煤矿的持续平稳健康发展。

通常来说，职工代表肩负着职工群众寄予的期望和重任，代表职工群众行使民主参与权利。这既是一种无上的荣誉和责任，也是一种积极的鞭策。企事业单位工会要充分激发职工代表的荣誉感和责任感，让职工代表充分发挥自身聪明才智，为企事业单位的发展出谋划策。

职工代表是受职工群众的信任和委托而当选的，理应代表职工，为此，职工代表必须与职工群众保持密切的联系。为了引导职工代表履行好代言人的职责，企事业单位工会还可以采取一些具体措施，督促职工代表密切与职工群众的联系，及时反映他们的心声和利益诉求。

职工代表责任区制度是强化职工代表履行代言人角色的一项有效制度。它是指职工代表按照职代会规定的程序，积极参加企事业单位的各项民主管理活动，认真履行基本职责，其言行对选区内职工负责，并接受职工监督的一种制度。这项制度拓展了企事业单位日常民主管理渠道，有利于调动职工代表参与企事业单位管理的积极性，增强职工代表的光荣感和责任感，促进职代会职权的落实。如上海柴油机厂工会要求职工代表把自己的选区作为“责任区”，必须经常性地了解“责任区”职工的所思所想、所诉所求。每季度要向本部门职代会团（组）长汇报情况，全年还要有一个简要的述职报告，讲一讲“我为职工做了哪些事”。

部分企事业单位在实践操作中，还细化了职工代表向选区负责的具体内容：在每次职代会和重要的民主管理活动前，要广泛收集、如实反映本选区职工的意见与要求，积极填写提案表。职代会期间，要与本选区职工保持联系，并代表本选区职工认真参加职代会讨论和表决。职代会闭会后，要及时向本选区职工传达、宣传职代会精神，贯彻落实职代会决议。积极组织本选区内职工参与企事业单位的各项民主管理活动。每年一次向本选区职工述职，汇报本年度参政情况及今后设想，接受职工的评议监督。

微案例

小屯矿工会为解决职工代表发挥作用“短期化”的现象，对全矿职工代表实行职工代表轮岗制度，规定职工代表每月轮流上岗，由车间工会负责将本车间的矿级职工代表按月度进行排序，逐一上岗，并在车间显著位置悬挂职工代表上岗牌，要求每一位职工代表上岗期间要围绕矿上的安全生产、经营管理至少提一条合理化建议，参加一次由车间工会主席组织的安全自查活动，与车间当月“三违”及安全不放心人员、思想不稳定人员、家庭中有特殊情况的人员进行谈心沟通至少在三人次以上，参加一次本车间组织的文体或“创争”活动，向所在车间工会做一次思想汇报，负责公开接待职工一次，等等。矿工会把职工代表轮岗情况作为当月车间工会建家考核内容，对工作表现优秀的职工代表，每年进行一次表彰奖励，有效增强了职工代表责任意识，调动了职工代表履职的积极性。矿工会还制定实施了职工代表履职档案管理制度，将职工代表在任期内参加职工代表大会会议活动情况、闭会期间活动情况、职工代表综合情况和职工代表评议情况四部分内容，逐一进行记录并建立档案，规范了职工代表的管理。

②受理职工代表的申诉，维护职工代表的合法权益。职工代表因行使民主权利、履行职责受到不公正待遇或打击报复时，有向有关组织申诉，获得保护的权利。企事业单位工会作为职代会的工作机构，承担接受和处理职工代表的申诉与建议，维护职工代表合法权益的工作。

要建立工会维护职工代表合法权益的责任制，切实消除职工代表参与民主管理的后顾之忧。这是因为，职工代表通过职代会参与企事业单位民主管理，可能会对企事业单位领导人员的管理作风和管理能力，以及某些事项的重要决策提出合理的质询和评价等，这是职工代表履行民主权利的应尽职责，但由此可能引发个别领导人员的不满，甚至遭到打击报复。因此，工会应当承担受理职工代表申诉，维护职工代表合法权益的职责。

职工代表的合法权益，既包括职工代表所拥有的民主权利，也包括职工代表享有的经济权益。职工代表向工会申诉，工会应取得党组织的重视和支持，通过认真的调查核实，及时与企事业单位进行沟通协调，努力解决职工代表反映的问题，以保障职工代表的合法权益。必要时，工会要支持申诉人诉诸法律。

（3）尊重职工代表民主管理主体的地位，自觉接受职工代表对工会的监督。

尽管企事业单位工会是职代会制度的推动者和操作者，但职工代表才是职代会的参与主体，而且只有调动他们在民主参与中发挥积极作用，企事业单位民主管理才有生机和活力。因此，企事业单位工会要尊重职工代表民主管理主体的地位，自觉做好相关基础性和服务性工作，主动接受职工代表的监督。

另外，由于职工代表分别代表着不同群体的职工参与企事业单位民主管理，同时，职工代表又与不同群体的职工朝夕相处，能够及时并真实地了解和掌握职工的思想动态、利益诉求。企事业单位工会要建立与职工代表的联系制度，以便工会也能更好地了解职工民意，反映职工呼声。比如，企事业单位工会可以根据实际，建立定期的沟通会、座谈会和研讨会，以及建立职工代表联系信箱、开通网上沟通渠道等，以便职工代表及时向工会反映职工的利益诉求，提出对企事业单位经营管理方面的意见和建议。

微案例

宝钢股份炼铁厂一贯注重组织发动职工代表民主参与生产经营活动和管理活动，通过工会三级网络体制，工会大组长、小组长沟通，工会专兼职干部定期进班组调研等途径构建管理者和职工代表的沟通对话机制，深入推进职工代表参与民主决策、民主参与、民主监督。有一次，职工代表接到员工反映：由于前段时间连续下雨造成一高炉更衣楼屋面漏水，给员工作息带来了不便。在职工代表实地观察确认后，利用沟通对话渠道将信息通知高炉分厂工会。高炉分厂工会主席获悉后，会同职工代表一起到现场进行了实地勘察。由于更衣楼年数已久屋面开裂、沉降等诸多原因，光靠修补已不能完全解决问题，必须要进行屋面防水处理。屋面大修要牵涉多家单位和部门，高炉分厂工会通知宝钢发展公司，并通过劳动监督问题信息表报告炼铁厂工会。炼铁厂工会提请股份公司工会牵头，会同有关单位并邀请职工代表一起，进行了实地走访，提出解决方案。经过各方努力，一高炉更衣楼漏水问题得以彻底解决，最后炼铁厂工会通过反馈信息表的方式，将结果逐级反馈到职工代表及员工，得到了员工的肯定。

延伸阅读

充分发挥“四个”作用　彰显职工代表参与企业民主管理的作为

中原油田以发挥职工代表作用为目标，严格完成“规定动作”，创新开展“自选动作”，增强职工代表履职能力和意识，拓展职工代表参与监督的渠道，强化职工代表在企业管理中的作用，有力推动了企业持续有效和谐发展。它们的主要做法有：

（一）发挥“主体”作用，落实职代会职权。坚持把职代会作为发挥职工代表作用的主渠道，结合实际，先后制定实施了《职工代表大会条例实施细则》等规章制度，形成了会议组织制度、联席会议制度、民主评议领导干部制度、职工代表提案工作制度、职工代表巡视检查制度、职代会质量考评制度等“1+6”配套管理模式。在规范职代会运作的同时，明确职工代表职责权利，搭建职工代表活动平台，保障职工代表作用发挥。在职代会召开前，油田提前7天将议案材料发至代表手中，让职工代表充分思考、论证、征求职工意见，凡是未通过预审的报告和议案，坚决不予上会。在职代会召开期间，职工代表认真听取、审议各项行政报告，民主评议领导干部，对各项报告、重大决策、关系职工切身利益的制度采取无记名方式，再次投票表决形成决议。会后职工代表积极当好政策决议的宣传者和落实者，发挥与职工距离近、沟通快的特点，让职工在第一时间了解会议精神，达到事半功倍的效果。

（二）发挥“管家”作用，加强监督管理。职代会闭会期间，切实落实职工代表的知情权、建议权和监督权，延伸发挥职工代表作用。一是开展职工代表巡视。油田两级工会选择能力强、业务精、素质高的职工代表，组织成立了207个职工代表巡视组，采取“听、看、问、测、评”五位一体巡视方法，对油田职代会决议、惠民政策、带薪年休假、安全管理及劳动保护措施、集体合同落实等情况进行巡视，每次巡视后，形成巡视报告，呈送油田领导批示，下达巡视通报书，提出整改时限，监督整改，做好复检工作，逐步形成了规范运作、周期循环、逐步完善的巡视工作模式。二是召开联席会议。职代会闭会期间，油田每项重大决策的出台，注重群众公论，提前把上级的要求、出台的背景和意图向职工讲清楚，职工代表深入基层广泛调研，及时反馈意见，油田修改论证后，以职代会联席会议的形式由职工代表投票表决，做到大多数职工有意见的事项不上会，大多数职工不满意的事项不实施。三是拓宽工作领域。油田各级工会组织结合实际，创新载体，多渠道发挥职工代表作用。它们组织职工代表参加了油田各个层面的听政会、恳谈会和民主议事会。有的单位实行了“职工代表联系制度”，让职工代表进班组，每名职工代表每月至少上交一条职工建议，职工代表成为职工群众反映问题、表达诉求、建言献策的“绿色通道”。有的单位深入开展创建“职工代表安全服务区”，发挥职工代表身处基层班组、身在一线岗位的工作优势，夯实了安全生产基础。

（三）发挥“参谋”作用，强化提案落实。职代会召开前，各单位创造条件，职工代表广泛调研，收集梳理职工意见，采取联名形式提出书面提案。油田提案工作委员会，将职工代表提案分成生产经营、人事劳资、安全管理、职工福利等六大类，提出承办意见报油田主要领导批示后将提案和领导批示一同送交油田分管领导，分管领导再组织相关职能部门进行处理，结果以信函方式反馈给职工代表本人。在提案处理落实过程中，工会抽出专人协调督导，每周催问一次，并将答复落实情况及时反馈给职工代表。同时，建立了职工代表提案激励制度，每次职代会评选表彰10件优秀提案，10名优秀提案先进个人，若干提案处理先进部门（单位）。这种环环相扣、分工衔接的工作流程，实现了提案有人管、落实有部门、监督有专人的工作格局，形成了提案征集、审查、办理、监督、反馈、表彰的闭环工作模式。

（四）发挥“能动”作用，增强工作责任感。建立职工代表轮训制度，坚持每年对职工代表进行培训，坚持系统培训与重点培训相结合，增强培训的针对性，提升职工代表履职能力和履职意识。全面推行职工代表述职评议制度，明确职工代表述职内容、述职对象及范围、述职评议方式、述职监督与检查四部分内容，督促引导各单位职工代表每年向所在选区职工述职，接受评议与监督，最终根据选区职工测评、基层工会评议、直属单位工会考核结果，按50∶30∶20比例进行综合评价。根据考核结果，对优秀职工代表进行表彰；对于发生严重违规违纪行为、受到党纪政纪处分的，按照相关程序终止代表资格。同时，将职工代表述职工作纳入单位精神文明建设考核，加重考核比例，强化了基层工会的责任感。严格的管理制度和有效的激励措施，使职工代表时刻牢记代表身份，履行“代言人”“代表者”职责，由“要我代表”变为“我要代表”，主动深入基层，听取职工呼声，反映职工诉求。

43. 企事业单位工会如何开展职工代表竞选工作？ 

职工代表竞选是指实行职代会制度的企事业单位，通过职工本人自愿报名、竞选演讲、民主选举、公示、备案等程序产生职工代表的过程，竞选职工代表一般是通过差额选举产生的。把竞争机制引入职工代表选举过程，实行职工代表竞选制，是提高职工代表的整体素质、保证职代会行使职权、更好地发挥职代会作用的一项好的措施。实行职工代表竞选，把“要我当”变成“我要当”，有利于营造职工民主管理的良好氛围；有利于发挥职工的主观能动性和主人翁责任感；有利于职工代表能够按照自己的意愿积极参政议政，使职工代表提出的意见和建议更加贴近职工，贴近实际；有利于企事业单位的民主健康发展。同时，可使职工的责任心和聪明才智得以充分展现，也是促使职工代表能更好地代表职工行使代表权利的一条新途径。

有条件的单位或选区，可以逐步推行职工代表竞选制，从源头上优化职工代表队伍素质。如上海市长宁区教育工会要求区内中小学校的所有教代会代表必须经竞选产生，代表候选人的产生包括自荐、他荐和组织推荐三种方式，以自荐为主；代表选举时，候选人必须做竞选演说，由教职工以无记名投票选举产生正式代表，将“要我做代表”转变成“我要做代表”。

企事业单位工会在竞选职工代表时，需要注意以下事项：一是职工代表的竞选活动需要在企事业单位工会作为职代会的工作机构组织下进行。事先应该制订本单位职工代表竞选实施方案，包括职工代表竞选的条件、方式和程序，竞选时间安排等。二是选区报送的竞选职工代表候选人名单，由企事业单位工会提交代表资格审查委员会进行审核后，确定竞选代表候选人名单，并通知选区召开职工大会组织开展竞选。三是竞选职工代表应该在本选区全体职工会议上进行，参与竞选的人员采用公开演讲的方式，要注重竞选程序的公开、透明，竞选结果应该向选区全体职工宣布。

辽河油田工会推行“首席职工代表”制　畅通基层民主管理工作新渠道

2016 年以来，辽河油田公司工会实行的首席职工代表制度，已经被越来越多职工群众点赞。

（一）强参与、强监督、畅通民主管理新渠道

职工代表履职包括参加职代会和闭会期间开展经常性代表活动两个途径。而闭会期间的经常性活动很容易成为职工代表作用发挥的薄弱环节。为了避免职工代表闭会期间意识淡化、职能弱化、责任软化等问题造成的职工代表会上“热”，会后“冷”现象，辽河油田公司工会在健全职代会为基本形式的民主管理制度基础上，围绕服务企业、服务基层、服务职工，构建和谐劳动关系这一大背景，推出了“首席职工代表”制度。

2016 年，辽河油田工会在欢喜岭采油厂实行“首席职工代表”制度试点。2017 年 8 月，辽河油田工会将这项工作推向全公司。

如今，已有 34 家二级单位实行这一制度，共选出“首席职工代表”299 名。自辽河油田公司全面推广“首席职工代表”制度以来，公司各级“首席职工代表”与班子成员年对面交流 72 场次；列席党政重大会议 65 场次；组织参与专题巡视 105 场次；收集各类建议 1232 条，协调解决问题 365 件。首席职工代表与基层民主恳谈会、厂务公开等工作有机融合，相互促进，初步构建了首席引领、代表跟进、职工参与基层民主管理工作新渠道。

（二）有职责、有竞争，激励“首席”干事儿

“当厂工会主席为我们颁发聘书，佩戴首席职工代表胸牌那一刻，我深深感到了一份光荣、一份责任。”“首席职工代表”、锦州采油厂职工赵娣说。“首席职工代表”通过自荐、民主推荐、二级单位领导班子讨论决定的方式产生。工会不仅赋予“首席职工代表”列席党委、行政重要会议；针对各级单位的公开内容，通过问询、调研等对该单位生产经营、薪酬分配等提出建议；对职代会决议、提案落实情况向相关部门进行质询；对评先选优及岗检等活动进行监督；对联系单位的公开落实情况和职工权益保障情况进行巡视等 5 项权利。还为他们制定了考核标准，考核结果为不合格的，不能参加下一年度“首席职工代表”推选。除此之外，为了提升“首席职工代表”的履职能力，工会组织还针对“首席职工代表”开展形式多样的培训，帮助他们迅速提高履职能力、更加明确肩负的职责。

亮身份，激发了首席职工代表的荣誉感与责任感。重考核，燃烧出首席职工代表的工作干劲与热情。欢喜岭采油厂为了让“首席职工代表”工作更有“底气”，明确了“首席职工代表”享有直接建议权、督办权，可参与企业重大决策，对涉及职工利益的事项及企业日常经营管理拥有优先发言权、建议权。

“首席职工代表”、欢喜岭采油厂采油作业三区 306 队党支部书记张金峰对第一次参加厂领导班子会的情景记忆犹新，10 位首席职工代表和 11 位厂领导面对面坐在一起，126 条建议意见，逐条研究，逐条征求“首席职工代表”意见，明确牵头厂领导、负责部门和整改时限。“首席职工代表”发挥作用的同时也激发了张金峰一定要做好职工群众代言人的责任感。他担任“首席职工代表”后，参与基层民主恳谈会 11 场次，解答意见和建议 9 件，协调解决问题 5 件，上报意见和建议 15 件。

（三）大服务、促管理、职工受益 企业认可

“首席职工代表”是参与企业管理、密切联系基层、维护职工权利权益的重要纽带和桥梁。这项制度实施以来不仅职工受益，还得到企业

的认可。锦州采油厂为每名“首席职工代表”建立一个联系点，23个联系点共征集意见建议102条。此外，锦州采油厂还建立“首席专项会议”和“首席召集会”机制，定期组织首席职工代表和由“首席职工代表”召集职工代表宣贯厂党委工作要求，对已落实的提案及建议意见进行反馈，让代表时刻感觉到说话有人听、难题有人解。锦州采油厂到盘锦市交通车线路由于经营不善被迫取消，给职工家属出行带来诸多不便。“首席职工代表”袁代艳联合7名首席进行调研，召集职工代表进行座谈，并形成提案。在厂领导班子的全力支持下，经多方沟通协商，交通车重新开通，为全厂职工群众出行提供了方便。

“首席职工代表”、欢喜岭采油厂职工吴永亮通过深入基层调研，发现欢喜岭厂具有较大的变频柜、仪器仪表等设备自修潜力，采油厂对此项建议高度重视，先后组建7个修旧利废小组，维修变频柜、点火枪等8类设备1000余件次，创效420万元。“首席职工代表”曹立斌发现工服上衣口袋太小，智能手机放不进去，向厂里提出修改工服的建议，第二天就得到了妥善解决。不管是上百万的创效，还是小小的衣服口袋，“首席职工代表”的服务准确到位。

从实行效果可以看到，“首席职工代表”高效完成了上情下达、下情上传和相关政策解释工作，起到了“穿针引线”作用，为维护职工的民主管理权益、畅通企业声音通道、收集意见建议开辟了新渠道，在解答职工合理诉求、消除不良顾虑、舒缓工作压力、提振队伍士气和增强职工主人翁意识等方面，发挥了积极的、不可替代的作用，为辽河油田生产经营、民主管理工作做出了有效补充和积极贡献。

44. 企事业单位工会如何开展职工代表培训工作？

职工代表是职工民主管理权力的直接行使者，职代会权力行使的重要性、复杂性决定了职工代表必须具备较高的素质和能力，否则就难以胜任。当前，职工代表素质能力方面存在的主要问题表现在角色意识不

强、知识结构单一、履职能力有待提升等方面。作为职代会的工作机构，企事业单位工会应积极组织开展好职工代表的教育培训工作，为职工代表行使权利、履行义务创造良好条件。开展职工代表的培训工作，企事业单位工会需要重点把握好以下环节。

（1）健全培训制度，要把代表学习培训工作列为重要议事日程，拟定切实可行的代表学习培训计划和组织实施方案，以保证职工代表的素质能够切实得到提高。

（2）明确培训重点。培训重点应放在职工代表应知应会相关知识的基础培训以及提升职工代表履职能力的专项培训上。引导和鼓励代表将维权、监督和为企事业单位发展建言献策结合起来，提出具有前瞻性和可操作性的意见和建议。

（3）拓展培训形式。要从单位实际出发，结合不同的培训内容，采用多种形式进行，如集中培训、分片分类分期培训、函授培训、网络培训、以会代训、自学与集中辅导相结合等，以及使职工代表在各种活动中受教育。重点可在职代会召开前或召开期间，结合大会内容进行培训；或根据民主管理活动的需要，举办相应讲座，进行一事一培训。

（4）丰富培训内容。选择培训内容应紧密结合职工代表的实际需求，充分考虑针对性和有效性，不仅要组织职工代表学习职代会的民主管理知识，还要学习社会主义市场经济理论和现代企业管理知识，以及科技知识，相关法律法规和政策规定，财务管理、劳动关系相关知识，职工代表履职须知等内容。

（5）精心组织培训。工会开展培训工作应与企事业单位充分沟通，并取得相应的支持，在不影响企事业单位正常的生产经营管理活动的基础上，结合职工代表工作实际，可分期分批组织培训。要注意培训工作质量和效果，并加强考核评估，以克服培训工作上的形式主义。同时，通过组织职工代表加强民主管理的实践活动，不断提高职工代表的履职能力和水平。

45. 企事业单位工会如何加强对职工代表的日常管理？

当前，在工作实践中，有部分职工当选代表后，抱着“话多有失”“得过且过”的思想，代表的责任流于形式。具体体现为“两少”现象：一是讨论发言少。在职代会召开期间对工作报告讨论时的发言少，表现为“该举手时就举手，该讨论时不开口”，缺少一种积极参政议政的观念和责任意识。二是日常活动少。对职代会闭会期间的一些工作，职工代表很少参与，与选区职工也缺少沟通，失去了职工代表“代言人”的作用。职工代表履职不到位的现象，原因是多方面的。一是代表意识不强，缺乏主动参与管理的热情，或缺乏履行职责的主观愿望和内在动力。有的职工代表参加职代会前，不征求职工群众的意见；还有个别代表认为自己来开会只是形式而已，单位该如何发展、如何改革，自然而然会有人去想、去规划，用不着自己去操心。二是代表能力不强。部分代表缺乏履行代表职责的能力，对相关工作报告和方案提不出意见；有的代表思想有顾虑，怕提意见会得罪人，影响人际关系。虽然上述情况只是部分存在，却也影响到推行职代会、加强民主建设的进展，所以，必须重视和加强对职工代表的素质建设与考核管理。

（1）加强对职工代表的素质建设。注重培养一支政策水平高、业务素质强、知识面广的职工代表队伍是企事业单位民主管理的一项重点工作。企事业单位工会在加强职工代表素质建设方面，要把好以下两道关口：

一是把好职工代表入口关。首先，明确职工代表的标准和条件。①综合素质高，参政意识强。作为职工代表，必须强调综合素质，要有大局意识、参政意识和群众观念，考虑问题必须全面。要摒弃过去选老实肯干、听话的职工当代表的做法。②群众基础好，有广泛的代表性。职工代表是代表广大职工意愿的，必须有广泛的群众基础，是广大职工群众所能够信任的。如果没有群众基础，不能够取得职工的信任，职工代表也就失去了“代表性”。③处事公正，敢于讲真话。作为一名职工代表在讨论发言、投票表决时，必须坚持实事求是和客观公正的态度，不能仅凭自己的意愿和从局部利益出发。另外，要考虑大多数选区职工的意愿，不能人云亦云。其次，严格职工代表选举程序。要按照相关规定，严格民主选举过程，禁止“人情票”“好处票”，保证选举的公平、公开、公正。在换届选举过程中，尽量做到“能者上，庸者下”。再次，严格审查程序。要对各选区职工代表的产生程序、方式方法进行严格审查，避免出现简化程序，影响代表质量的现象。不仅是要对换届选举产生的新一届职工代表严格审查，更重要的是届期内每次会议召开前都应对代表资格进行认真审查。最后，严格代表结构审查。职工代表要具有广泛的代表性，就必须保证代表的层次结构，工人、技术人员、管理人员、领导人员等的代表比例应符合规定要求。

二是注重职工代表培训教育关。企事业单位工会要将职工代表培训工作作为一项长期性、基础性工作列入议事日程，在制定工作规划、研究确定重点工作时，同步考虑，统筹安排。要积极争取党委、行政的重视与支持，将职工代表培训工作列入企事业单位整体培训计划，保证职工代表培训工作必要的经费、时间和人员。要从企事业单位所需、职工代表所需入手，从解决实际问题入手，及时调整培训内容，创新培训方式。要通过采取多种形式的教育培训，使职工代表明了自己应承担的责任和履行的职责，对单位负责，对选区职工负责。

（2）加强对职工代表的考核管理。加强对职工代表的考核管理，是督促职工代表履行职责发挥作用，提升职代会运行质量的重要途径。企事业单位工会应建立职工代表工作手册，加强对职工代表参加职代会会议（活动）的出席情况、完成职代会交办工作的质量情况、参加职代会“五项”职权的履职情况，在参与过程中的代表意识、责任意识、大局意识表现情况，参与职代会提案的数量和质量，反映职工诉求的情况，以及贯彻落实职代会决议情况的考核和管理。要积极推进对职工代表履职情况的责任考核，通过职工代表向选区职工述职并接受评议考核等方式，密切职工代表与选区职工群众的沟通和联系，提高职工代表参政议事的能力和水平，促进职工代表更好地履行职责。

这项工作的重点是对于有条件的单位，企事业单位工会要通过有针对性地建立职工代表的述职、评议、激励和淘汰三项制度，增强职工代表的危机感和使命感，并设立优秀职工代表和优秀提案奖励基金，引导职工代表创先争优。企事业单位工会要每年组织职工根据职工代表的述职情况和民主评议结果，对职工代表进行评议。具体形式为职工代表写出书面述职报告，述职内容包括审议单位各项报告等工作情况、提案征集工作的成绩和作用、调查研究及反映职工意愿的工作情况、参与职工代表巡视的经验与体会、参政议政出谋划策工作情况、传达贯彻职代会精神工作情况、反映当前职工群众的热点和难点问题等。由职工代表向选区职工进行当场述职，选区职工根据考核表进行民主测评。对于选区职工满意率高的职工代表，可作为评选优秀职工代表的重要依据；对于满意和基本满意率比较低的职工代表，尤其是在一年内“无提案、无活动、无建议”的“三无”代表，工会可给予书面或口头告诫；对于群众意见大、不合格的代表，选区职工可行使撤换权力；对成绩突出的职工代表，应在年度职代会上进行表彰奖励。

微案例

上海市南市水厂注重职工代表的作用发挥，通过推行职工代表的“四制”活动，引导职工代表履行自身职责。

(1) 职工代表直选制。借助“民主管理月”活动试点推行了职工代表直选制度，将直选条件、直选过程、直选结果全部予以公示，使职工代表的年龄结构趋于年轻化、文化结构趋于高层化，职工代表的代表意识、责任意识大大增强，参政能力明显提升。

（2）职工代表参与制。在全厂范围开展了“假如我是厂长”的金点子发布活动，让职工代表换位思考，如果我是经营管理者应该如何提高企业经营管理水平，同时，也通过这一举措，向企业经营管理者提出了许多合理化建议，为提高企业管理水平提供了有益的帮助。

（3）职工代表实践制。探索每季度产生6名职工代表跟随厂长共同办公制度。后又结合企业推进的“三想”活动，即想一想职工本职岗位还存在哪些问题和隐患；想一想职工本职岗位与相邻岗位、上道工序、下道工序、上一班与下一班在衔接上还存在哪些问题；想一想在确保企业40万吨/日生产量过程中，制水工艺设备上还存在哪些问题和隐患，组织和引导职工代表开展课题攻关活动。根据“三想”活动中征集来的职工意见和建议，分别确定了6个课题，让职工代表参与到每个课题组的活动中去，使职工代表在实践中更全面地了解和参与企业管理，提高他们的参与能力。

（4）职工代表责任制。通过制定相关文件，要求职工代表以对企业、选区职工负责的精神，在职代会召开前，征求选区职工的意见和建议，归纳汇总后将这些意见和建议带给企业党政组织和工会；在职代会会议期间，要站在企业发展的高度和代表选区职工群众的高度，审议职代会的各项报告，切实履行好职代会赋予职工代表的各项权利义务；职代会会议结束之后，要将职代会的会议精神传达到选区的职工中去，并努力做好贯彻执行职代会决定决议的表率。此外，还结合职代会的巡视检查，要求职工代表必须将选区职工对职代会决定决议落实情况的意见进行收集反映，并通过巡视检查，督促工作的落实。

46. 企事业单位工会如何推进职工代表述职评议工作？

由于一些职工代表不能充分体现民意，履行代表职责的“渎职”行为时有发生。为了增强职工代表的代表意识和责任感，确保代表履行好自己的权利和义务，许多单位探索实行了职工代表的述职评议制，规定职工代表每年向选区职工进行一次述职活动，并接受选区职工的评议。企事业单位工会在推进这项工作时，需要注意以下几个方面。

（1）注重职工代表述职评议工作的组织领导。企事业单位工会应成立职工代表述职评议工作委员会。委员会由本单位党组织、工会、组织人事部门、职工代表等组成，委员会主任一般由本单位工会主席担任，工会具体负责整个民主评议工作的开展。

（2）把握好职工代表述职评议的原则。这主要是指企事业单位工会要坚持全面、客观、公正评议原则，注重实绩，认真负责，防止简单化和片面性。要从爱护职工代表入手，以评议职工代表的工作实绩为主，帮助职工代表不断提高政策水平和参与议政能力，进一步调动他们参与民主管理工作的积极性。

（3）掌握好职工代表述职评议的时机。职工代表的述职应结合单位职代会的召开，通过原选举区组织职工代表向职工进行述职和评议为宜。同时从客观上说，原选举区的职工对被选举的职工代表履行职责情况更了解、更熟悉。

（4）设置好职工代表述职评议的内容。述职内容，由职工代表对照职责要求，结合自己在一定时段内履行职责的情况，实事求是地向原选区的职工作述职报告，分析存在的问题、明确努力的方向，接受选区职工群众的评议和监督。评议内容，由企事业单位工会按政治思想素质、技术（业务）管理水平、工作作风，以及“代言人”作用发挥等情况，以优秀、称职、基本称职、不称职四个档次进行设置。

（5）运用好职工代表述职评议的结果。对于称职票超过原选区职工数三分之二的职工代表，可由企事业单位工会给予适当奖励。不称职票超过原选区职工数三分之一的职工代表，可由单位工会给予批评教育或警告；不称职票超过原选区职工数三分之二的职工代表，按照职代会确定的罢免程序提出罢免建议，以保证职工代表能切实担负起代言人的责任，保证职工代表在群众中享有较高威信。

（6）落实好职工代表的经济待遇。保障职工代表的经济待遇，对于激励职工“争当职工代表”“当好职工代表”，具有一定的积极意义。生产经营状况好的企业可试行职工代表津贴制度，其他单位可试行职工代表补贴制度，在单位内部营造“能者上，庸者下”的竞争氛围，促使职工代表真正发挥作用。

此外，有条件的单位，企事业单位工会也可以对每位职工代表进行评估，以作为选区职工评议的补充。企事业单位工会可从三个方面对职工代表进行评定：①对代表参政议政意识的评定：全年参加职代会、民管小组、巡视检查的出席率，对职代会方案草案的建议率等进行评估和考核；②对代表密切联系选区职工群众的评定：对代表是否广泛征求选区职工群众对职代会方案草案的意见和要求；是否将职工群众的意见和建议及时反映到单位有关部门，或是在职代会召开时是否充分地表达了职工群众的愿望和要求；③对代表素质提高的评定：对代表参加单位组织的各项培训活动和各项民管活动的实践是否积极参加，是否将学到的知识运用到民主管理工作的实践中；等等。

郑州铁路局积极推进职工代表述职报告制度

郑州铁路局自从1994年起开始尝试建立职工代表述职报告制度，2000年开始在全局400多个基层单位扩开推行这一制度，不断强化职工代表的硬约束，引导各级职工代表每年向所在选区职工述职，接受职工群众评议与监督，有效提升了职工代表的参政议政能力和维权工作水平。经过多年的运行，逐步形成了一套较为成熟的做法。目前，路局职工代表述职率达100%，站段职工代表述职率达90%以上。

（一）认识上促动，开发述职报告活动持续动力

重点做到三个强化。一是强化领导干部的民主意识。述职报告活动能否顺利开展，首先取决于领导干部的民主意识。该单位以郑铁党的名义下发了《关于在全局基层站段级单位实行职工代表述职报告制度的意见》，对活动的意义、目的、内容、方式、范围、领导组织进行了明确，并提出了具体要求。多年来，该单位坚持在党校副处级以上领导干部培训班上增设民主管理课程，坚持把包括职工代表述职内容在内的民主管理知识纳入两级党委中心组学习计划，坚持把职工代表述职等民主管理工作纳入基层单位经营业绩考核，努力营造民主氛围，使领导干部更加关注和重视职工代表的成长和作用的发挥。二是强化基层工会干部的干事意识。工会作为职代会日常工作机构和民主管理的组织者，在职工代表述职工作中负有重要职责。述职报告活动能否取得突破性进展，关键取决于基层工会干部的工作态度。为克服部分基层工会干部中存在的“工作人员少、述职面积广、述职人员多、工作难度大”的畏难情绪，对开展述职报告活动不积极的单位，给予一对一重点帮扶和指导，为他们提供模式参考，并通过网络、报刊等多种传媒手段大力宣传成功单位的经验及取得的效果，及时消除他们的顾虑，帮助他们树立开展工作的信心。三是强化职工代表的作为意识。职工代表是被评议的对象。他们的主动参与是述职报告活动取得实效的根本保证。各级工会通过每年一次的职工代表培训班和以会代训等形式，积极宣传职工代表的权利、义务和开展述职报告活动的重要意义。通过深入学习、宣传和发动，使职工代表充分认识到参与述职报告活动是展示自己、锻炼自己、提高自己的重要手段，是使领导干部和职工群众进一步了解自己、认识自己、信任自己的重要渠

道，强化了职工代表的作为意识，激发了职工代表的责任感和荣誉感。

（二）内容上规范，方便述职报告活动有形操作

一是规范路局、站段两级代表述职内容。路局、站段两级代表述职主要从八个方面进行：参加职工代表大会，在审议企业重大决策、重要规章制度等方面所做的工作及作用发挥情况；关心企业改革发展，在提案和合理化建议等方面所做的工作及取得的成绩；联系群众，积极调查研究，征求、反映职工群众意见和要求等方面所做的工作及成效；参与代表巡视检查、专门委员会及其他管理机构组织的活动中所做的工作；传达贯彻职代会精神，宣传民主管理、厂务公开和集体合同等方面所做的工作；参与民主管理和民主监督的经验和体会；自身存在的不足及改进措施；最后作出承诺并提出倡议。二是规范车间级职工代表述职内容。车间级职工代表述职比照站段级职工代表进行。考虑一线职工代表素质差异及现场实际状况，各基层单位为车间职工代表提供了述职模板。述职模板通常采用表格和问答两种形式，职工代表只需按表格要求和问答题内容对应填写自己的履职情况即可，操作简单，方便易行，有效解决了有的代表不愿写、不会写、不知道怎么写述职报告的难题。三是规范新当选职工代表述职内容。对换届职工代表或新补选的职工代表，由于履职时间比较短，着重谈当选职工代表后的感受以及今后如何发挥职工代表作用的打算。

（三）方式上灵活，营造述职报告活动理想效果

一是述职范围分级进行。路局级职工代表原则上在站段职工（代表）大会上述职，路局机关的职工代表在所在处室职工大会上述职；站段级职工代表在车间职工（代表）大会上述职；车间级职工代表在所在班组、科室的职工大会上述职。部分单位结合实际情况，召开专题述职大会进行述职。领导干部是职工代表的，在向职代会作年度述职时，报告其履行职工代表职责的有关内容，不再专门述职。二是述职形式因地制宜。针对基层单位抽调人员困难、会议时间短、任务重

的实际情况，各单位因时因人而异开展述职报告活动。会议时间比较紧的，职工代表采取书面述职形式，并提前下发书面述职报告，给职工群众充分审议的时间，保证述职评议效果；时间充足的，采取口头述职。换届时的职工代表因履职时间短，可每人述职，也可由所在选区被评议的职工代表中推选一名代表作典型发言，所有被评议的职工代表在述职报告上签字认可，共同接受评议。由于坚持了因人因地因事制宜的原则，述职报告活动得到全面开展，达到了预期的效果。

（四）措施上细化，促进述职报告活动良性发展

一是实行互动沟通。随着铁路管理体制改革、生产力布局调整和深化整合，基层单位管辖范围不断扩大，点多线长，人员分散，造成许多职工对本选区的职工代表并不十分了解。为了使职工对职工代表的评议更加客观、公正、全面、准确，各级工会把被评议职工代表的相关资料及联系电话，通过局域网等形式进行公示，方便职工群众的监督，加深选区职工对职工代表的了解。路局房地产经营开发中心工会为了使本级职工代表更好地了解本中心出席路局级职工代表有关情况，专门安排路局级职工代表在本中心职工代表培训班上讲课，宣传上级职代会精神，交流参加上级职工代表培训班的体会和感想，密切了职工代表与本选区职工的联系。二是搞好群众测评。职工代表坚持每年一次向所在选区职工述职。选区职工分满意、基本满意、不满意三个格次对职工代表进行无记名评定表决。评议结果在职工（代表）大会上直接公布。述职人员根据评议中提出的意见和建议制订整改方案，改进情况书面报告上级工会，并在下一次职工（代表）大会上报告整改情况，接受审议。对连续两年满意率在95%以上的，评为优秀职工代表，给予一定的物质奖励；对连续两年满意和基本满意率低于70%的职工代表，劝其自动辞去代表职务。三是纳入刚性考核。通过把职工代表述职报告工作纳入基层单位经营业绩考核、民主管理厂务公开考核和工会重点工作考核，并将其作为工会评先的重要条件。该单位还建立了职工代表电子档案，

职工代表述职情况在档案中及时显示，述职报告与职代会材料合并归档，促进了述职报告活动良性发展。

开展职工代表履职考核　提升职工代表能力水平

上海市公共卫生临床中心针对“会前握手，会中举手，会后挥手”的“会议职工代表”现象表现突出的问题，为提高职工代表参政议政意识与能力，发挥职工代表在闭会期间的民主管理、监督作用，畅通职工进言渠道，推行了职工代表履职考核。它们的主要做法是：

（一）细化职工代表履职考核内容

对职工代表的履职考核，包括出勤情况、民主管理、活动情况、年度述职、民主评议五个模块。

(1) 出勤情况考核。权重14分，包括：出席职代会、参加职工代表培训情况，参加职工代表巡视检查和职工读书活动等情况。

(2) 民主管理考核。权重18分，包括：提案上交、职代会上发言情况，参与民主测评工会工作、工会主席、院务公开满意度情况以及提交合理化建议情况。

(3) 活动情况考核。权重18分，包括：参与课题研究、结对帮困情况，了解职工需求及思想动态、及时化解群体性突发事件、维护班组和谐稳定情况，配合党政做好医改政策的宣传，引导职工理解、参与支持医改情况，成果发表及获奖情况，等等。

(4) 年度述职考核。权重10分，包括按时述职和述职内容完整性等。

(5) 民主评议考核。权重40分，分优秀、称职、不称职。以优秀率计算，优秀率90%及以上者得40分；80%～89%者得30分；70%～79%者得20分；60%～69%者得10分；59%及以下者得0分。

（二）设立职工代表履职考核评价指标

建立职工代表履职考核机制，需再设立评价指标对考核机制进行合理、科学的评判。于年度汇总表中，统计分析以下数值：①提案上交数量与质量值的升降；②优秀职工代表比值的升降；③不称职职工代表比值的升降；④缺席职代会者比值的升降；⑤缺席职工代表培训比值的升降。前两者比值上升或后三者比值下降，说明建立考核机制有效。

（三）职工代表履职考核评定及奖惩

总分值在 90 分及以上者为“优秀”，60～89 分者为“称职”，59 分及以下者为“不称职”。将考核结果公示，由职代会大会主席团在职代会上公示职工代表履职考核结果。根据考核结果选出年度“优秀”职工代表；选出连续 2 年“优秀”职工代表，进行表彰或奖励；评出优秀提案奖、积极参与提案奖、合理化建议金点子奖等进行表彰或奖励。对连续 3 次无故缺席职代会且无弥补措施者，通报选区职工；对连续 2 年无故缺席职代表培训且无弥补措施者，通报选区职工；对当年考核为“不称职”者，进行诫勉谈话；对连续 2 年考核为“不称职”者，通报选区职工。

（四）考核方式

选区内三分之二的职工参与，职工代表先进行述职，由职工当场民主测评。

该单位通过开展职工代表履职考核，加强了职工代表与职工的沟通，无论在职代会期间还是闭会期间，职工代表更清楚自己的职责，并能及时地回应职工诉求。

47. 企事业单位工会如何推进职代会提案工作？ 

（1）健全职代会提案工作制度。建章立制，完备提案工作机制是提高职代会提案工作整体质量的必要条件。为保证提案质量的不断提高，企事业单位工会要建立健全相关的规章制度，努力实现提案工作规范化、制度化。

一是建立健全提案工作的规章制度，不断规范提案工作程序。要制定和实施职代会提案工作规则或实施办法，以及重点提案的确定和办理办法等制度文件，规范提案工作的审查、立案、执行、再审和反馈公布等各项处理程序，进一步提高职代会提案工作的管理水平。

二是建立与提案工作相联系的职工代表调研检查制度，努力提高职代会提案工作的质量。要紧紧围绕企事业单位发展的中心工作，组织职工代表精心选题，深入调查研究，提出切实可行的意见和建议。要将提案工作与激发职工智慧和创造性的合理化建议等活动结合起来，进一步发挥提案工作在完善企事业单位管理，促进发展中的积极作用。

三是实行提案工作的奖励激励制度。要建立健全提案工作考核机制，通过评选优秀提案等形式，引导职工代表重视提案工作，提高职工代表对提案工作的认知度和参与度。要把提案办理工作纳入部门年度责任目标考核工作并形成制度，联合开展提案办理工作年度考评，对提案办理工作先进单位给予通报表彰，对办理工作不到位或敷衍了事的部门，给予通报批评。

（2）做好提案征集工作。在职代会召开之前，企事业单位工会要认真组织，切实做好提案征集工作，重点要做好以下几项工作。

一是抓思想发动。工会要通过职代会联席会议或发放通知的形式，向职工代表讲明提案的目的、意义，动员职工代表积极向职代会提出提案。

二是要指引方向。工会要组织职工代表围绕搞好单位生产经营管理，提高经济效益这个中心，从深化改革、转型发展、结构调整、降本减费、挖潜增效、提高质量、优化工艺、技术改进、管理科学、队伍建设等方面的薄弱环节入手提出提案；也可以从本单位实际出发，对职工劳动保护、生活福利和文化娱乐活动方面提出提案。

三是要创造条件。工会要把电子或纸质提案征集单事先发到代表手中；指导职工代表找准选题的切入口，认真开展调查研究，听取和征询职工群众的意见和建议；必要时组织专业人员帮助职工代表一起想办法，完善整改措施。

四是帮助形成提案。工会要指导和帮助职工代表厘清提案的写作思路，从提出问题、对问题的简要分析、解决问题及改进工作的措施等方面规范撰写提案。对提案书写有困难的职工代表，组织相关人员帮助写好提案。

微案例

上海富大胶带制品有限公司认为，职代会提案工作是职代会和职工代表作用发挥的一个非常有效的手段。要切实发挥职工代表的参政议政作用，就必须重视推进职代会提案工作，以职工们的智慧更好地促进企业管理的科学化、民主化。该公司要求，公司的职工代表每年必须做提案，以发现企业经营管理、劳动关系等方面存在的问题，并持续改进。因此，在每年公司职代会召开前一个月，每个职工代表开展调查研究，分析公司经营管理中的问题，讨论有关对策建议，便成为公司中一道亮丽的风景线。在此基础上，公司每年的职代会都要选出职代会最佳提案作大会发言，会后交付有关部门落实。来年，职代会再对这些提案的落实情况进行审查。公司刚开始职代会提案工作时，职工代表的提案往往涉及工资福利问题较多。但随着这些问题的逐步解决，现在涉及企业发展、创新、研发、管理等事项已占了总提案的80%以上。而职工代表参与企业管理的这些真知灼见，又进一步推动了企业管理水平的提高和公司综合竞争力的增强。

（3）做好提案的审理分类工作。关于提案的分类，从不同的角度出发，有不同的分类方法。有的按照提案的重要程度，分为重大提案和非重大提案；有的按照受理部门，分为由行政处理的提案和非行政处理的提案；有的按照处理方式，分为近期可以解决的提案和暂时不能解决的提案；等等。

在工作实践中，通常的做法是，首先区分是不是重大提案。重大提案应交大会主席团讨论，列入职代会的议程；不属于重大提案的，按受理部门分类。其次，按照处理方式进行分类，可以分为立案、调查、解释、暂缓处理等。对符合政策规定，本单位有能力又确实需要解决的提案，做立案处理。凡立案的，都要进行整改。立案数占全部提案数的比例称为立案率，立案率是衡量提案质量的一个标志。调查，即对提案的内容、可行性做深入了解和研究，暂时不立案，待调查研究后再作出决定。解释，即对不符合政策，或者本单位无法解决的提案，向职工代表作出解释。暂缓处理，即对符合政策，但本单位目前缺乏解决能力，今后有能力解决的提案，留待以后解决。

提案的审理分类工作一般由提案工作委员会（小组）负责，不设提案工作委员会（小组）的由工会会同行政处理。

（4）做好提案的督促落实和反馈公布。提案的跟踪落实，即对已立案的提案进行督促落实，一般由企事业单位工会会同党政办公室负责，也可以由职代会专门委员会（小组）协助落实。

一是措施制定。工会会同党政办公室把立案按内容送交有关领导批阅，然后转相关部门制订实施计划和落实措施，做到“三定”，即定部门、定人员、定进度。定部门，就是确定主要负责部门，由其牵头协调和落实措施；定人员，就是明确由谁去具体实施；定进度，就是确定在什么时间内落实提案。

二是意见听取。由工会或职代会专门委员会（小组）以电话、书面、座谈的形式，就落实措施内容征求提案人意见，必要时可以请落实部门相关人员、提案人进行直接沟通，进一步听取意见。

三是跟踪落实。由工会或职代会专门委员会（小组）组织提案人、职工代表根据提案落实进度和具体措施，对相关部门落实情况进行中途检查和跟踪落实，检查后双方交换意见。对落实好的部门要肯定成绩，对落实得不好的要提出问题，对在落实中有困难的，要想方设法予以帮助。

四是满意测评。提案落实后，由工会负责组织职工代表对提案落实情况进行满意度测评，并提出整改意见和建议。

五是反馈公布。由工会或职代会专门委员会（小组）将提案落实情况、巡视检查情况、满意度测评情况进行汇总，反馈至提案人，同时形成提案工作报告，向下次职代会报告。

在实践操作中，有的单位还建立了“三见面”制度，收到了较好的效果。“三见面”的内容是：受理部门收到提案后立即同提案人见面，进一步听取情况介绍；受理部门提出措施后，第二次同提案人见面，听取意见；提案落实后，第三次同提案人见面，听取对提案落实情况是否满意的意见。

（5）做好提案的答复工作。提案的答复工作可以分职代会召开期间和闭会期间两个阶段，召开职代会时，单位行政领导要向大会汇报处理上次会议提案的情况，以及处理本次会议提案的初步打算；提案工作委员会（小组）汇报本次会议提案的征集、审理情况，以及监督检查落实上次会议提案的情况，对受理部门提出批评或表扬的建议。

闭会期间的答复工作，有多种形式：网络平台公布、受理部门直接同提案人见面、书面反馈提案人等。答复工作一般由受理部门负责，直接答复提案人并向提案工作委员会（小组）或工会报告，也可以通过提案工作委员会（小组）或工会转告。不设提案工作委员会（小组）的，由单位行政会同工会负责。

为增强职工代表的参政热情和提案办理部门的责任意识，提案工作委员会（小组）或工会应每年召开专题会议对提案的内容、质量、可操作性、实施效果等方面进行评估，评选出“优秀提案”并给予表彰奖励，以鼓励职工代表在深思熟虑的基础上多提合理化建议和意见，为单位领导正确决策建言献策，促进企事业单位健康、稳定、快速发展。

48. 企事业单位工会开展职代会提案工作中需要注意哪些问题？

职代会提案是了解群情、调动群智、发挥群力的有效途径。做好职代会提案工作，会给企事业单位营造一种积极向上的良好氛围，凝聚职工群众的人心，集中职工群众的智慧，促进企事业单位文化建设与和谐发展。因此，大多数单位的领导层和职工群众，都对做好职代会的提案工作抱有很大的期望。尤其是近年来，随着企事业单位改革发展的不断深入，职代会提案逐渐成为职工参与民主管理、维护合法权益、稳定协调劳动关系的一项重大举措，越来越受到企事业单位的重视和职工群众的关注。

但在工作实践中，部分单位的职代会提案工作依然存在不少问题：一方面，从职工代表角度来讲，如前所述，还存在对提案工作不太重视、参与度较低，以及提案质量不高等问题。如部分提案未深入实际进行调查分析，所提提案只是简单地反映问题，不能全面地反映民意，缺乏科学性和可操作性；还有部分提案在形式上不符合提案的要求，只是提出问题，没有很好地提出解决问题的办法和建议；或者在一件提案中，同时提出几件事情；有的提案反映的只是少数人工作或生活上的意见，没有整体和全局的意识；等等。另一方面，从企事业单位角度来讲，也存在部分职能部门对提案重视程度不够，或者束之高阁，或者敷衍了事，甚至在提案办理过程中存在部门之间互相推诿，在一定程度上挫伤了职工代表提案的积极性。

提案质量的优劣，反映了职工代表综合素质的高低；提案的处理和落实，不仅是职工代表关注的焦点，更是广大职工评价职代会作用的尺度。所以，职代会提案工作从一个重要的侧面，标志着职代会地位的高低和职代会工作的质量水准。提案工作的整个过程就是提案的提出和落实的过程。因此，企事业单位工会要使职代会提案在民主管理中发挥更大的作用，关键是要提高提案工作的“两个质量”，即提案质量和办理质量。

（1）提升职代会提案的质量。提高职工代表参政议政的意识，加强宣传动员，是提高职代会提案质量的首要环节。征集职代会提案，宣传工作至关重要。工会要通过各种渠道在职工中进行广泛的宣传动员，要使职工代表充分意识到做好提案工作，是广大职工群众表达愿望、提出利益诉求的重要渠道，克服消极思想，摒弃“提案无用”的错误想法，尤其是要克服“提案与我无关”、是“空操心”的想法，使之能够将比较集中的意见和问题反映给本单位（部门）的职工代表，由他们作为意见的传递人按照提案的规范要求写出提案。只有宣传动员工作做到位了，提案的质量、层次才能逐步提高，职工的积极性和创造性才能有所体现。不断提高职工代表撰写提案的水平是提高提案质量的先决条件。要引导职工代表选择职工群众所关心、有意见或反映强烈，而单位领导或有关部门还没有注意到或正在寻找解决办法的问题，特别要关注带有综合性、战略性、前瞻性的问题提出提案。要鼓励职工代表多做调查研究，不可道听途说，影响提案的严肃性。要以事实说话，所提提案要有一定数量的附议职工代表。要倡导职工代表多做案头工作，注重提案内容思路清晰、文面工整，把职工的意见按照规范要求写出提案，确保提案的可行性、严肃性。尤其是所提提案要力争做到“四有”：有情况、有分析、有措施、有建议。即反映问题应明确具体、言之有物、持之有据、针对性强、力戒抽象空洞，“有骨无肉”或“有肉无骨”；说理部分要事实清楚，论据充分；建议部分应有解决问题的具体办法和措施。

为职工代表知情明政搭建平台，是提高提案质量的重要基础。知情明政就是把党和国家的大政方针、企事业单位的重要事务等情况及时提供给职工代表。提案作为职工代表履行职能的方式，只有积极为职工代表知情明政创造条件，质量才有可能提高。因此，必须积极公开单位内部的相关信息，充分利用各种宣传手段，让职工代表及时准确掌握了解单位现状和发展目标，只有这样才能让职工代表更广泛、更深入地了解单位所需。企事业单位工会可以通过组织职工代表学习培训，请单位相关职能部门通报包括工作取得的成绩和进展、存在的问题和困难、正在采取和将要采取的一些政策措施等情况，从而让职工代表了解的情况更全面、准确。

充分发挥职代会各专门委员会（小组）的作用，有利于提案质量的提高。职代会提案工作是企事业单位工会一项十分重要的工作，但不是孤立存在的，它与工会的其他工作密不可分。一是每年的职代会提案，通过归纳整理，可以分成几大方面，从中可以看出职工群众较为关心的热点、焦点问题。这些问题往往与职代会各专门委员会（小组）的重点关注问题有联系，各专门委员会（小组）应选择其中重要的问题，深入调查研究，不断丰富提案内容，使提案质量更高。二是职代会各专门委员会（小组）也可以将本专门委员会（小组）通过调查形成的有深度、有代表性的热点问题作为提案提出，这样也能使提案质量得到提高。

抓好提案的审查把关，是提高提案质量的重要环节。严格审查，慎重立案，是确保提案质量的重要环节。所以一定要按照提案的要求，按照能够促进单位发展、提高产品或服务质量、加强公司管理、促进经济效益提高、维护职工合法权益等方面的要求作为立案标准，认真登记、仔细分类、精心核对，进行审查；要注重在与职工代表积极沟通的基础上，将反映问题比较相近、情况比较相似的提案进行合理的整合归类，以便更加集中有效地反映问题、提出对策；此外，还要坚持提案宁少毋滥的原则，严把提案质量关，慎重立案。如对建议笼统，无新招、无实招的提案，建议职工代表进一步修改补充；对反映局部利益或对微观事情提意见的提案，建议改作意见（建议）提出。

（2）提高提案的办理质量。提案质量和办案质量是提案工作中两个同等重要的关键环节，二者紧密联系，互相促进，互相影响。一份高质量提案的产生，提案者要付出很大努力，如果办理不认真，三言两语，空话套话地应付一下，必然会挫伤提案者的积极性。长此以往，不仅提案质量下降，数量也会减少。因此，只有将提案真正办好，事事有着落，件件有回音，提案人的劳动成果得到了肯定，才能进一步激发职工代表写提案的热情和激情，才能提高提案的质量和数量。职代会提案审查立项后，为提高提案处理质量，企事业单位工会需要着力抓好以下几个方面工作。

争取党政支持。提案工作是一项政治性、政策性、全局性都很强的工作，要做好提案工作，必须积极争取单位党政领导的重视和支持。一是提请主管领导审阅批示重要提案，明确要求有关部门认真研究、予以解决，推动提案的采纳和落实。二是重点提案由分管领导领办、督办，分管部门就重点提案的处理建议形成议题呈报行政办公会议，促使提案涉及的问题得到科学客观的解决。

注重整合资源。要充分发挥各职能部门的主动性和积极性，努力形成党委协调、行政主抓、工会组织有专人负责、职能部门认真落实的局面。对涉及多个部门职能范围的提案，应适时召开提案工作推进会，促进提案的有效落实。具体落实中，工会要主动过问提案办理进度，积极协调各部门的关系，要主动向党委领导请示汇报，与行政领导沟通交换意见。

及时做好提案转办。对审查立项的提案，该哪个部门办理就立即转办，办理部门对交办的提案要抱着对职工代表负责的态度，高度重视，专人负责。凡需几个部门共同办理的提案，则可由主办部门牵头与协办部门协商处理，并要求办理部门接到提案后一个月内提出书面处理意见。

认真抓好承办落实。提案办理部门受理后，由部门主要负责人召集人员组织研究，落实方案，并确定该项提案责任人、具体措施、完成时间以及所需经费、劳动力安排等，使职代会提案事事有交代、件件有回音。凡是急需而又有条件解决的提案，要集中力量在最短时间给予落实解决，赢得民心。

加强跟踪督办。在部门承办过程中，要不定期联系或主动上门联系，及时了解和掌握提案办理情况，协调提案人和承办单位的关系，对有些提案要进行督办，提高提案办理的透明度。

组织职工代表定期视察。组织职工代表定期对提案落实情况进行视察检查要成为一项制度，职工代表的面要广，不仅是职工代表中的领导干部，而且要让更多来自一线的职工代表指出职能部门在提案处理过程中的不足，提出措施和意见建议，以此来提高职代会提案处理的质量和时间的保证。

积极办理提案答复工作。要让职工代表满意、让职工群众感到职代会是职工说话的地方，就必须在提案办理、提案答复方面做出令人心服的举动。各办理部门要积极负责提案办理，规范书面答复工作，送提案人和同级职代会工作机构，对暂时未落实的提案也要说明原因，由分管领导审定签发，在规定时间作出答复。对于一些热点、难点问题以及落实情况不满意的提案，工会应适时组织相关部门与提出提案的职工代表召开座谈会，对存在的问题当面交换意见，以取得相对一致的认识和解决方式，从而提高职工代表对提案工作的满意度和积极性。

实施必要的激励机制。为增强职工代表的参政热情和提案办理部门的责任意识，进一步规范职代会的运作程序，有必要实施激励机制。如开展“优秀提案”和“最佳提案”的评选，鼓励职工代表深思熟虑提出高质量提案，有条件的可编印成册，下发各分工会、工会小组，同时对提案办理落实成效显著的部门一并奖励，以推动职代会提案工作。

总之，提案质量和办理质量是提案工作的生命，企事业单位工会要努力引导职工代表撰写高质量的提案，督促有关职能部门认真办理好提案，真正使职代会提案工作成为促进企事业单位发展与职工权益维护的有力平台。

微案例

无锡新宏泰电气科技股份有限公司是惠山区一家科技型创新型企业。在星级职代会的创建过程中，公司职工们对“一份职代会提案与300名职工学历”印象深刻。公司发展面临转型升级的关键时刻，针对部分职工学历不高、迫切需要及时充电的现实需求，职工代表提出了一份“以提高职工技能为主题”的提案，经过职代会审议通过，公司行政出台了系统性的职工培训计划，先后拿出100万元资助300名职工进修学习，目前企业有300多人获得了大专或本科学历。提案执行产生了很好的效果，有两个班组在学历提升和劳动竞赛中生产成绩突出，被评为无锡市工人先锋号，企业生产经营也得到长足发展，并于2016年8月在上证A股市场成功上市。

49. 企事业单位工会如何推进职工代表巡视检查工作？

为了充分发挥职工代表在职代会闭会期间的参政议政作用，许多单位工会组织职工代表开展巡视检查活动，督促职代会决议、决定以及提案的落实。企事业单位工会在推进这项工作时，需要把握好以下几点。

（1）要制定职工代表巡视检查的制度文件。企事业单位工会要加强组织领导，明确巡视检查的目标任务、职责要求和方式方法。通常需要成立专门的巡视检查小组，组长由企事业单位工会主席担任，成员由职代会专门委员会（小组）成员、有关职工代表和特邀代表所组成。巡视小组成立后，要制订巡视计划。巡视员必须具备较强的处理问题能力和较高的政策水平。巡视员通常实行非常任制，每次巡视一项或几项任务，巡视任务完成即自行解散。

（2）要定期组织职工代表对职代会决议、决定贯彻落实情况进行巡视检查。工会应根据本单位实际，与单位行政协商确定巡视检查的时间。巡视检查的内容主要包括：职代会精神的贯彻落实情况；职代会决议的落实情况和提案的办理情况；企事业单位安全生产、经营管理、重大投资以及为职工办实事情况等；集体合同的履行情况；职工群众关心的其他热点问题。

巡视检查的一般程序为：①根据巡视检查的内容确定被检查的单位或部门；②听取、核对、检查被检查单位或部门执行职工代表大会决议的情况，通常可采用听汇报、看资料、找问题、查现场、座谈相结合的方法，进行综合了解；③对于检查中发现的问题，及时提出整改意见和建议，督促被检查单位或部门整改，并跟踪整改情况。

企事业单位工会应根据工作需要，巡视检查既可以定期、不定期及抽查的方法进行，可以分组、分类、分专业进行，一次可以进行专项巡视检查，也可以全面进行。通常来说，定期检查一般有以下三种形式：

期中检查，即在每次职代会闭会后两个月左右进行一次，发现薄弱环节，提出整改措施。专题检查，即对职代会决议、决定中的重大项目和职工群众普遍关心的问题列出专题，以专门小组成员为主，吸收有关代表进行检查，发现问题，提出意见，促进解决。总结检查，即在下次职代会开会前一个月左右，对本次职代会的决议贯彻和提案处理进行全面检查，作出切合实际的评价。进行上述检查，事先应确定检查的内容和重点。检查中既要肯定成绩，总结经验，又要找出差距，帮助整改。

（3）每次巡视检查结束后，企事业单位工会应汇总职工代表的意见。每个年度的巡视检查结束以后，要结合各个阶段巡视检查的总体情况，形成巡视检查工作报告，提请下次职代会审议。

微案例

上汽大通商用车公司无锡分公司是一家大型制造整车企业。在该公司，活跃着一支职工代表巡视队伍，他们和企业生产、安全管理、后勤保障等相关职能部门一起，对公司合理化建议执行、安全生产、防暑降温、餐饮卫生等情况定期展开巡查，对厂务公开民主管理进行质量评估。职工代表们说：“我们就是要有一双火眼金睛，生产问题、管理问题，不论大小，都要揪出来。”这家公司高度重视企业民主管理的落实，工会组织运转规范，职代会制度落实经常。该公司工会把职代会作用的发挥聚焦在职工代表巡视制度上，通过对企业经营管理、生产安全、工资协商协议的落实情况等全方位的巡视，既锤炼了职工代表的履职能力，又有效解决了职代会闭会期间如何更有效地发挥作用的问题。企业负责人深有感触地说：“企业发展离不开职工代表的积极参与，正是职工代表巡视制度，帮助企业有效地防控和减少了各种风险，企业平稳发展离不开成熟的职代会。”

延伸阅读

首席职工代表值班制度　让民主权利看得见

为了进一步发挥职工参与民主管理、民主监督的作用，拓宽参与渠道，延伸和丰富职工参政议政内涵，激发职工主人翁责任感，丰富基层民主管理形式，及时反映职工诉求，黑龙江省二九〇农场工会率先在宝泉岭管理局内建立首席职工代表值班制度，在社区一站式服务大厅常年设置首席职工代表值班岗，定期轮换“跨区值班”，使首席职工代表成为职工的代言人，让民主权利成为看得见的有效制度。

（一）首席职工——代表和维护群众利益

农场工会按照宝泉岭管理局下发的《关于建立首席职工代表制度的意见》要求，进行民主推荐，竞职演说，产生符合民意，代表和维护群众利益的首席职工代表。

依据条件产生首席职工代表。首席职工代表必须是来自生产一线的职工，自身公正意识和责任意识强，懂生产会管理，有组织协调和文字表达能力。农场工会委员会按1∶2的比例从农场正式职工代表中推荐候选人。

明确首席职工代表的权利。农场工会不但赋予首席职工代表直接建议权、否决权和督办权，而且对涉及职工利益的决议决定，拥有优先发言权，参与决策。坚持“六参与”，即参与日常公开管理活动；参与财务联审联签；参与职工代表巡视；参与干部选拔任用；参与领导班子和干部考核、测评；参与工资集体协商，了解企业生产经营状况和职工工资收入、社会保障、劳动安全卫生等方面的诉求，代表职工与企业开展工资集体协商，维护职工合法权益。

首席职工代表任期与农场职代会届次一致，每届任期三年。每年至少举办两期培训班，提高业务能力。年底要进行双重述职与测评，即在本单位大会上述职，同时还要在农场职代会上述职，接受职工群众的监督与评议。

（二）“三结合”——职工权利落到实处

为了确保首席职工代表真正发挥作用，农场工会建立首席职工代表十项值班制度，同时实施“三结合”，使首席职工代表的权利落到实处。

与职工民主监督员队伍相结合，实现“跨区值班”。今年农场创新成立了职工民主监督员队伍，实行了首席职工代表“跨区值班”，民主监督员和首席职工代表可联合工作，值班监督不再局限于本单位或一个部门，一个地方，而是全面推开。

与“三亮”活动相结合，实施“双联”制度。农场工会明确规定，首席职工代表必须参与“三亮”活动，实施“双联”，即是与单位的贫困职工联系，结成帮扶对子，同时与场副处级以上领导联系，结成互通对子，常年进行联络活动，方便了与职工群众零距离接触，可使场领导掌握第一手资料。

与职代会闭会期间工作相结合，实施“特驻”值班。就是在以职代会为基本形式的民主管理基础上，为进一步加大职代会闭会期间的民主监督，持续发挥职工民主管理权利的一种创新形式，由农场工会牵头组织首席职工代表成立“特驻”专门值班队伍，对群众关心的敏感问题，进行“驻守”监督。

实施“特驻”值班岗以来，首席职工代表在巡访、接待、走访和下访中，累计收集并反馈基层意见120余条，协助解决涉及生产经营、职工生活等各类问题60余个，督促解决职代会议案、提案10余件，有效促进了议案、提案的全面落实。

（三）“一长三员四单”制——民主服务站

农场工会在社区设立“首席职工代表工作室”，举行了挂牌仪式，工作室实施“一长三员四单”制度，使其成为民主管理服务站。

“一长”即首席职工代表值班班长，一班之长要当好管家，做好接待咨询，意见汇总与上报工作。建立值班记录，定期检查值班情况，月底点评一次。

三员是民主服务站的“主角”。“三员”即是维权联络员、信息反馈员、政策宣传员，须佩戴胸章上岗，负责把首席职工代表值班、民情接待和民情走访情况向广大职工群众反馈；同时在社区设立“首席职工代表联系信箱”，征集意见和建议，负责意见汇总、归类、处理，使“首席职工代表工作室”成为职工群众的“民主服务站”。“三员”之一维权联络员与首席职工代表联合联动联用，发挥“两网两站”的功能，接待来信来访60余次，办结率98%以上，深化了“224”社会化大维权模式。

四单是民主服务站的“绿卡”。“四单”即是首席职工代表联络单、报告单、督办单和反馈单。职工代表值班征集和发现的问题能否快速圆满解决，是检验首席职工代表值班效果的最重要标准，“绿卡四单”起到了保障作用。四单重在现场落实，行政接受质询，下发值班备忘录、限期整改四个环节进行制约督办。通过“绿卡四单”解决了基层反映的劳动保护、工资福利等问题，为农场80余名环卫工夏天配备雨衣雨鞋，冬天配备大棉袄、大头鞋和棉水靴；普通工人的工资由原来的1400元提高到1800元；无耕地职工享受基本田货币支付由最初的1350元提高到2500元。

首席职工代表通过值班，激发了职工参与管理、参与实践的热情，增强了自身公正意识、责任意识、主人翁意识，提升了素质，为民主管理的深入实施，为和谐农场快速发展注入了源源不断的活力。

50. 企事业单位工会如何推进职代会质量评估工作? 

职代会质量评估是为加强职代会制度建设，由企事业单位自我诊断运行质量、促进实效发挥的一项工作制度。职代会质量评估工作由企事业单位工会组织实施，一般每年进行一次，时间通常安排在职代会结束后。

职代会质量评估工作程序主要为：①组成职代会质量评估工作小组；②设计《职代会工作质量评估表》；③组织职工代表填写《职代会工作质量评估表》，汇总数据；④召开职工代表座谈会，了解和掌握满意率较低的评价项目的原因；⑤召开党政工专题会议，研究提出整改意见和措施；⑥向职代会联席会议报告，并实施整改措施；⑦在下一次职代会上报告测评结果，以及实施整改措施的情况，接受职工代表审议；⑧有关资料整理归档。

近些年来，全国各地普遍加大了职代会质量评估制度的建设力度，许多单位还根据职代会质量评估结果，不断修订职代会实施意见和配套制度，促使职代会制度日益完善、职工群众的认可度不断提高。

延伸阅读

关于进一步加强基层职工（代表）大会质量评估工作的意见

为了深入贯彻落实国有企业党的建设工作会议精神，坚持全心全意依靠工人阶级的方针，完善和健全以职工（代表）大会（以下简称职代会）为基本形式的企业民主管理制度，持续强化职工代表民主选举、民主决策、民主管理和民主监督，不断促进职代会各项职权的落实，鼓励职工代表有序参与公司治理，结合集团职代会质量评估工作多年的实践，现就进一步加强基层职代会质量评估工作提出以下意见：

（一）工作原则

1. 实事求是的原则。从各单位的实际出发，根据不同的产权、规模等状况，按国家有关法律、法规和政策规定，实事求是地进行评估。

2. 注重实效的原则。建立职代会工作质量评估制度，把着力点用于评估后采取的改进和提高措施上，用于促进职代会民主管理的制度化、规范化建设上，将是否促进改革、发展和稳定作为评估的重要依据，进一步提高职代会运行质量。

3. 职工公认的原则。职代会工作质量评估要走群众路线，广泛听取职工代表和职工群众的意见，并以此作为分析问题，改进工作的重要依据。

4. 持续改进的原则。职代会工作质量评估制度的评估内容、评价标准、实施办法要根据新的情况、新的要求不断完善，体现职代会本身的与时俱进、持续发展。

（二）评估重点

1. 评估职代会职权的落实。主要评估职代会对企业生产经营重大决策、发展规划和体制变更、重大投融资情况等重要事项的审议建议权；对工资分配方案、奖惩制度、经济性裁员、因体制和产权转让涉及的职工安置分流方案等涉及职工切身利益问题的审议通过权；对与职工切身利益相关的社会保险基金缴纳、生活福利等的审查监督权；对企业领导干部的民主评议权；参与对经营者选聘和对职工董事、监事、职工方集体协商代表的民主选举权等职权的落实。

2. 评估职代会制度的运作。主要评估职代会各项制度是否健全、运作是否规范、落实是否到位、职工是否满意，审议通过决议、决定事项的民主性、公开性和程序性，约束超越职代会职权的随意行为，切实体现职代会职工群众监督机制的特性。

3. 评估职代会决议、决定的执行情况。主要评估经职代会按不同权限审议的方案或职代会形成的决议、决定付诸实施的情况。职代会表决通过的方案、制度是否具有相应的法律效力及其正确性；对要求重新修订的相关决议、决定是否按规定的民主程序，经过充分协商并提请职代会重新审议。

4. 评估职代会闭会期间工作落实。主要评估与职代会相适应的职工代表巡视、集体协商议题征集、合理化建议的征集和办理、民主管理委员会（小组）活动、改革改制方案完善等民主管理组织网络的活动和多级民主管理建设。

5. 评估职工代表的产生和管理。主要评估职工代表结构比例、产生程序及代表替补更换制度的建立；结合自身特点建立职工代表培训计划和考核办法；代表联系职工制度的建立和推行。职代会前，代表能广泛征集职工群众的意见建议；会间，能代表职工群众就方案的修改和完善提出建议和要求；会后，及时将职代会形成的决议决定向职工群众宣传、讲解，并在职工群众中起模范带头作用，依法行使权利、履行义务。

（三）评估流程

1. 各单位应成立职代会质量评估工作小组，开展自我检查和自我评估。组织职工代表填写《职工代表大会质量评估代表测评表》，对测评情况和相关建议进行分析，形成职代会质量评估自查报告。

2. 上级职代会质量评估工作小组对基层职代会运行质量开展评估检查。

①听取基层职代会民主管理情况介绍，主要包括职代会职权落实、制度运作、决议执行等方面的情况；

②查阅职代会和厂务公开相关资料；

③召集职工代表座谈或个别访谈；

④组织职工代表填写《职工代表大会质量评估代表测评表》。

3. 评估检查中发现问题和不足，相关单位职代会应提出整改措施，并由上级工会进行督查。

4. 职代会质量评估结果应及时向党委汇报，建议作为被评估单位及相关领导干部实绩考核和先进评选的重要依据。

（四）组织工作

1. 职代会质量评估工作要在企业党组织领导下实施。企业行政应重视和支持工会开展职代会质量评估工作，对提出的整改意见和措施要积极督察指导，明确责任。每届职代会应开展不少于一次的质量评估工作。

2. 各单位工会对职代会质量评估工作负有组织实施责任。各单位工会要会同纪委、党办、行政办、组织人事等部门具体落实职代会质量评估各项工作。

3. 上级工会要进一步加强对各单位职代会民主管理工作的指导，

对评估考核工作中出现的新情况、新问题加大研究和探索力度，不断提升职代会运行质量，使职代会制度更好地为协调劳动关系，为企业改革、发展和稳定服务。

附件：

职工代表大会质量评估测评表

您的性别：　男____女____　年龄：____岁　　　　文化程度：________

技术职称/技能等级：____________　　　　政治面貌：________

工作岗位：工人/管理人员/中层及以上领导干部

序号	评估内容	评估意见		
1	您单位生产经营管理重大决策（发展规划、年度经营管理计划情况、重大投资决策、财务预决算等）是否向职代会报告，并接受审议和听取建议。	是	部分是	否
2	您单位制定、修改、决定直接涉及职工切身利益的规章制度或重大事项是否向职代会报告，并接受审议和听取建议。	是	部分是	否
3	您单位工会与企业开展工资集体协商、经济性裁员、群体性劳动纠纷和生产过程中发现的重大事故隐患或职业危害等事项是否都经过职代会审议通过后执行。	是	部分是	否
4	您单位涉及劳动报酬、工作时间、休息休假、保险福利等事项的集体合同草案；工资调整机制、女职工权益保护、劳动安全卫生等专项集体合同是否由职代会审议通过。	是	部分是	否
5	您单位薪酬制度、福利制度、劳动用工管理制度、职工教育培训制度、改革改制中涉及职工安置方案，以及其他涉及职工切身利益的重要事项是否由职代会审议通过后执行。	是	部分是	否

续表

序号	评估内容	评估意见		
6	您单位职代会提案办理情况、职代会审议通过的重要事项落实情况、集体合同和专项集体合同履行情况、社会保险费缴交和职工教育培训费提取使用情况等是否向职代会报告并接受审查监督。	是	部分是	否
7	您单位民主管理专门小组成员和董事会监事会中的职工代表是否由职代会民主选举产生。	是	部分是	否
8	您单位董事会监事会中的职工代表、企业行政领导干部是否接受职代会民主评议。	是	部分是	否
9	您对本单位职代会评议企业领导干部的效果如何评价。	有效	基本有效	效果不大
10	您单位职代会审议通过涉及职工切身利益方案的表决方式是什么。	投票表决	举手表决	鼓掌通过
11	您对本单位通过实行涉及职工切身利益的事项公开，维护和保障职工合法权益的情况是否满意。	满意	基本满意	不满意
12	您单位在推进和实施企业转改制过程中，是否坚持必须的民主程序，做到规范运作。	规范	不够规范	不清楚
13	您单位对职代会通过涉及职工切身利益的各项协议执行情况。	执行	部分执行	不清楚
14	您认为本单位职工代表是否能经常听取职工群众的意见和建议，并能反映职工群众的愿望和呼声。	是	基本是	否
15	您单位职工代表巡视检查，是否围绕职代会决议贯彻落实情况、集体合同履约情况、企业生产经营管理的重点问题和职工关心热点问题组织开展。	是	基本是	否
16	您单位是否组织职工代表对厂务公开实行情况进行监督检查。	是	否	不清楚
17	职工代表对加强企业管理，促进企业发展，维护职工权益等提出议案，您单位是否做到提案有答复，立案抓落实。	是	基本是	否

续表

序号	评估内容	评估意见		
18	您单位是否对职代会制度运行的规范性、实效性开展质量评估和检查，是否针对薄弱环节采取改进措施，评估和整改情况向职代会报告。	是	基本是	否
19	您单位是否实行三级民主管理，即子集团（公司）与工程公司（分公司）有职代会制度，项目有民管小组。	是	部分是	否
20	您对本单位厂务公开民主管理的总体评价。	满意	基本满意	不太满意
您对本单位职代会、厂务公开民主管理工作还有什么建议，目前还存在哪些薄弱环节，需要作哪些改进？				

注：请在评估意见一栏中直接选择打勾。谢谢您的配合！

五 相关法律法规及规范性文件

中共中央办公厅　国务院办公厅
关于在国有企业、集体企业及其控股企业深入实行厂务公开制度的通知

（2002年6月3日　中办发〔2002〕13号）

各省、自治区、直辖市党委和人民政府，中央和国家机关各部委，军委总政治部，各人民团体：

党的十五大以来，不少地方和企业在推行厂务公开方面积极实践，取得了明显成效和成功经验。为了更好地扩大基层民主、保证人民群众直接行使民主权利，实践江泽民同志“三个代表”重要思想，落实全心全意依靠工人阶级的指导方针，巩固、深化和规范厂务公开工作，促进企业的改革、发展和稳定，经党中央、国务院领导同志同意，现就在全国国有企业、集体企业及其控股企业深入实行厂务公开制度的有关问题通知如下：

一、厂务公开的重要意义、指导原则和总体要求

广大职工依照有关法律和规定参与企业的民主决策、民主管理、民主监督，是我国企业管理的重要特色和优势。党的十五大特别是十五届四中全会以来，一批企业通过实行厂务公开，加强了企业的管理和改革，完善了职工代表大会制度，促进了基层民主政治建设，提高了企业经济效益。实践证明，实行厂务公开是实践“三个代表”重要思想的具体体现，是进一步落实党的全心全意依靠工人阶级指导方针的有效途径；是加强企业管理，建立现代企业制度，依靠职工办好企业的内在要求；是搞好群众监督，促进党风廉政建设，加强企业党组织建设、领导班子建设的有力手段。实行厂务公开，对于推进基层民主政治建设，保

障和落实职工当家作主的民主权利；维护职工合法权益，建立企业稳定协调的劳动关系；密切党与企业职工群众的关系，巩固党的阶级基础和执政地位；保护、调动和发挥广大职工的主人翁积极性，增强其责任感，促进企业的改革、发展和稳定，具有重要的意义和作用。

实行厂务公开的指导原则是：

——必须坚持以邓小平理论为指导，按照“三个代表”的要求，认真贯彻党的十五大和十五届四中、五中、六中全会精神，坚定不移地贯彻落实党的全心全意依靠工人阶级的指导方针。

——必须遵循国家法律、法规和党的方针政策，实事求是、注重实效、有利于改革发展稳定和保护商业秘密。

——必须坚持党委统一领导，党政共同负责，有关方面齐抓共管，动员职工广泛参与。

——必须与企业党的建设、领导班子建设、职工队伍建设结合起来，与建立现代企业制度结合起来。

实行厂务公开的总体要求是：

1. 国有企业、集体企业及其控股的企业都要实行厂务公开。目前还没有实行的单位应尽快实行；已经实行的，要进一步深化，逐步使其内容、程序、形式规范化、制度化。特别是生产经营困难的企业更应当实行厂务公开，动员和依靠职工群众与经营者共同把企业搞好。

2. 在厂务公开工作中，要切实做好企业领导人员和职工的思想工作。企业领导人员要提高认识，自觉地把厂务公开摆到重要工作位置，纳入现代企业管理的体制、机制和制度之中。要鼓励职工积极参与厂务公开活动，支持和监督企业经营者依法行使职权，认真行使当家作主的民主权利。要加强对职工代表的培训，不断提高他们参与民主决策、民主管理和民主监督的意识和能力。

3. 在厂务公开工作中，必须坚决防止和克服形式主义，保证公开的真实性，务求工作实效。要切实做到企业重大决策必须通过厂务公开听取职工意见，并提交职代会审议，未经职代会审议的不应实施；涉及职工切身利益的重大事项，更应向职工公开，职代会按照法律法规规定具有决定权和否决权，既未公开又未经职代会通过的有关决定视为无效；在国有和国有控股企业，经职代会民主评议和民主测评，大多数职工不拥护的企业领导人员，其上级管理部门应采取相应的组织措施；企业领导人员违反职代会决议和厂务公开的有关规定，导致矛盾激化，影响企业和社会稳定的，要实行责任追究。

二、厂务公开的主要内容

1. 企业重大决策问题。主要包括企业中长期发展规划，投资和生产经营重大决策方案，企业改革、改制方案，兼并、破产方案，重大技术改造方案，职工裁员、分流、安置方案等重大事项。

2. 企业生产经营管理方面的重要问题。主要包括年度生产经营目标及完成情况，财务预决算，企业担保，大额资金使用，工程建设项目的招投标，大宗物资采购供应，产品销售和盈亏情况，承包租赁合同执行情况，企业内部经济责任制落实情况，重要规章制度的制定等。

3. 涉及职工切身利益方面的问题。主要包括劳动法律法规的执行情况，集体合同、劳动合同的签订和履行，职工提薪晋级、工资奖金分配、奖罚与福利，职工养老、医疗、工伤、失业、生育等社会保障基金缴纳情况，职工招聘，专业技术职称的评聘，评优选先的条件、数量和结果，职工购房、售房的政策和住房公积金管理以及企业公积金和公益金的使用方案，安全生产和劳动保护措施，职工培训计划等。

4. 与企业领导班子建设和党风廉政建设密切相关的问题。主要包括民主评议企业领导人员情况，企业中层领导人员、重要岗位人员的选聘和任用情况，干部廉洁自律规定执行情况，企业业务招待费使用情况，企业领导人员工资（年薪）、奖金、兼职、补贴、住房、用车、通讯工具使用情况，以及出国出境费用支出情况等。

厂务公开的内容应根据企业的实际情况有所侧重。既要公开有关政策依据和本单位的有关规定，又要公开具体内容、标准和承办部门；既要公开办事结果，又要公开办事程序；既要公开职工的意见和建议，又要公开职工意见和建议的处理情况，使厂务公开始终在职工的广泛参与和监督下进行。要密切结合企业改革和发展的实际，及时引导厂务公开不断向企业生产经营管理的深度和广度延伸，推动企业不断健全和完善管理制度、党风廉政建设制度和职工民主管理制度。

三、厂务公开的实现形式

厂务公开的主要载体是职工代表大会。要按照有关规定，认真落实职代会的各项职权。要通过实行厂务公开，进一步完善职代会民主评议企业领导人员制度，坚持集体合同草案提交职代会讨论通过，企业业务招待费使用情况、企业领导人员廉洁自律情况、集体合同履行情况等企业重要事项向职代会报告制度，国有及国有控股的公司制企业由职代会选举职工董事、职工监事制度等，不断充实和丰富职代会的内容，提高职代会的质量和实效，落实好职工群众的知情权、审议权、通过权、决定权和评议监督权，建立符合现代企业制度要求的民主管理制度。

在职代会闭会期间，要发挥职工代表团（组）长联席会议的作用。车间、班组的内部事务也要实行公开。应依照厂务公开的规定，制定车间、班组内部事务公开的实施办法。

厂务公开的日常形式还应包括厂务公开栏、厂情发布会、党政工联席会和企业内部信息网络、广播、电视、厂报、墙报等，并可根据实际情况不断创新。同时，在公开后应注意通过意见箱、接待日、职工座谈会、举报电话等形式，了解职工的反映，不断改进工作。

四、厂务公开的组织领导

各级党委、政府及有关部门和工会组织，要充分认识实行厂务公开的重要意义，切实把这项工作摆上重要议事日程，明确目标，落实责任，有组织、有计划、有步骤地推动厂务公开工作深入健康发展。各级纪检监察机关要加强对推行厂务公开工作的监督检查，对在厂务公开中暴露出来的违法违纪问题要严肃查处。各级党委组织部门要把推行厂务公开作为企业党建工作的重要内容，将实施情况作为考核企业领导班子和领导人员的重要依据，并与奖惩任免挂钩。各级经贸委要把推行厂务公开与加强企业管理和建立现代企业制度有机结合起来，切实加以推进。各级地方工会要积极主动地承担起推行厂务公开的日常工作，并以此促进企业民主管理和工会工作。

企业实行厂务公开要在企业党委领导下进行。企业行政是实行厂务公开的主体。企业要建立由党委、行政、纪委、工会负责人组成的厂务公开领导小组，负责制定厂务公开的实施意见，审定重大公开事项，指导协调有关部门研究解决实施中的问题，做好督导考核工作，建立责任制和责任追究制度。企业工会是厂务公开领导小组的工作机构，负责日常工作。

企业应成立由纪检、工会有关人员和职工代表组成的监督小组，负责监督检查厂务公开内容是否真实、全面，公开是否及时，程序是否符合规定，职工反映的意见是否得到落实，并组织职工对厂务公开工作进行评议和监督。要制定厂务公开的监督检查办法，形成制约和激励机制。

国有、集体及其控股企业以外的其他企业，可依照法律规定，采取与本单位相适应的形式实行厂务公开，推进民主管理工作。

本通知原则上适用于教育、科技、文化、卫生、体育等事业单位。

各地区、各单位要根据本通知的要求，结合各自的实际情况，制定具体的实施意见和办法。

企业民主管理规定

（总工发〔2012〕12号）

第一章　总　则

第一条　为完善以职工代表大会为基本形式的企业民主管理制度，推进厂务公开，支持职工参与企业管理，维护职工合法权益，构建和谐劳动关系，促进企业持续健康发展，加强基层民主政治建设，依据宪法和相关法律制定本规定。

第二条　企业民主管理工作应当坚持党的领导，以邓小平理论和“三个代表”重要思想为指导，深入贯彻落实科学发展观，坚定不移地贯彻落实党的全心全意依靠工人阶级的根本指导方针。

企业党组织应当加强对民主管理工作的领导和支持。

第三条　职工代表大会（或职工大会，下同）是职工行使民主管理权力的机构，是企业民主管理的基本形式。

企业应当按照合法、有序、公开、公正的原则，建立以职工代表大会为基本形式的民主管理制度，实行厂务公开，推行民主管理。公司制企业（以下简称公司）应当依法建立职工董事、职工监事制度。

企业应当尊重和保障职工依法享有的知情权、参与权、表达权和监督权等民主权利，支持职工参加企业管理活动。

第四条　企业职工应当尊重和支持企业依法行使管理职权，积极参与企业管理。

第五条　企业工会应当组织职工依法开展企业民主管理，维护职工合法权益。

上级工会应当指导和帮助企业工会和职工依法开展企业民主管理活动，对企业实行民主管理的情况进行监督。

第六条 企业代表组织应当推动企业实行民主管理，促进企业健康发展。

第七条 各级党委纪检部门、组织部门，各级人民政府国有资产监督管理机构和监察机关等有关部门应当依照各自职责，对企业民主管理工作进行指导、检查和监督。

第二章 职工代表大会制度

第一节 职工代表大会组织制度和职权

第八条 企业可以根据职工人数确定召开职工代表大会或者职工大会。

企业召开职工代表大会的，职工代表人数按照不少于全体职工人数的百分之五确定，最少不少于三十人。职工代表人数超过一百人的，超出的代表人数可以由企业与工会协商确定。

第九条 职工代表大会的代表由工人、技术人员、管理人员、企业领导人员和其他方面的职工组成。其中，企业中层以上管理人员和领导人员一般不得超过职工代表总人数的百分之二十。有女职工和劳务派遣职工的企业，职工代表中应当有适当比例的女职工和劳务派遣职工代表。

第十条 职工代表大会每届任期为三年至五年。具体任期由职工代表大会根据本单位的实际情况确定。

职工代表大会因故需要提前或者延期换届的，应当由职工代表大会或者其授权的机构决定。

第十一条 职工代表大会根据需要，可以设立若干专门委员会（小组），负责办理职工代表大会交办的事项。专门委员会（小组）成员人选必须经职工代表大会审议通过。

第十二条 职工代表按照基层选举单位组成代表团（组），并推选团（组）长。可以设立职工代表大会团（组）长和专门委员会（小组）负责人联席会议，根据职工代表大会授权，在职工代表大会闭会期间负责处理临时需要解决的重要问题，并提请下一次职工代表大会确认。

联席会议由企业工会负责召集，联席会议可以根据会议内容邀请企业领导人员或其他有关人员参加。

第十三条 职工代表大会行使下列职权：

（一）听取企业主要负责人关于企业发展规划、年度生产经营管理情况，企业改革和制定重要规章制度情况，企业用工、劳动合同和集体合同签订履行情况，企业安全生产情况，企业缴纳社会保险费和住房公积金情况等报告，提出意见和建议；

审议企业制定、修改或者决定的有关劳动报酬、工作时间、休息休假、劳动安全卫生、保险福利、职工培训、劳动纪律以及劳动定额管理等直接涉及劳动者切身利益的规章制度或者重大事项方案，提出意见和建议；

（二）审议通过集体合同草案，按照国家有关规定提取的职工福利基金使用方案、住房公积金和社会保险费缴纳比例和时间的调整方案，劳动模范的推荐人选等重大事项；

（三）选举或者罢免职工董事、职工监事，选举依法进入破产程序企业的债权人会议和债权人委员会中的职工代表，根据授权推荐或者选举企业经营管理人员；

（四）审查监督企业执行劳动法律法规和劳动规章制度情况，民主评议企业领导人员，并提出奖惩建议；

（五）法律法规规定的其他职权。

第十四条 国有企业和国有控股企业职工代表大会除按第十三条规定行使职权外，行使下列职权：

（一）听取和审议企业经营管理主要负责人关于企业投资和重大技

术改造、财务预决算、企业业务招待费使用等情况的报告，专业技术职称的评聘、企业公积金的使用、企业的改制等方案，并提出意见和建议；

（二）审议通过企业合并、分立、改制、解散、破产实施方案中职工的裁减、分流和安置方案；

（三）依照法律、行政法规、行政规章规定的其他职权。

第十五条 县级以下一定区域内或者性质相近的行业内的若干尚不具备单独建立职工代表大会制度条件的中小企业，可以通过选举代表联合建立区域（行业）职工代表大会制度，开展企业民主管理活动。

工会负责组织建立区域（行业）职工代表大会制度。区域（行业）工会作为区域（行业）职工代表大会的工作机构承担日常工作。

第十六条 集团企业的总部机关和各分公司、分厂、车间以及其他分支机构可以按照一定比例选举产生职工代表，召开集团企业职工代表大会，实行企业民主管理。

集团企业的总部机关和各分公司、分厂、车间以及其他分支机构，按照本规定建立职工代表大会制度，在各自的职权范围内分别开展民主管理活动。

第二节 职工代表大会工作制度

第十七条 职工代表大会每年至少召开一次。职工代表大会全体会议必须有三分之二以上的职工代表出席。

第十八条 职工代表大会议题和议案应当由企业工会听取职工意见后与企业协商确定，并在会议召开七日前以书面形式送达职工代表。

第十九条 职工代表大会可以设主席团主持会议。主席团成员由企业工会与职工代表大会各团（组）协商提出候选人名单，经职工代表大会预备会议表决通过。其中，工人、技术人员、管理人员不少于百分之五十。

第二十条 职工代表大会选举和表决相关事项，必须按照少数服从多数的原则，经全体职工代表的过半数通过。对重要事项的表决，应当采用无记名投票的方式分项表决。

第二十一条 职工代表大会在其职权范围内依法审议通过的决议和事项具有约束力，非经职工代表大会同意不得变更或撤销。

企业应当提请职工代表大会审议、通过、决定的事项，未按照法定程序审议、通过或者决定的无效。

第二十二条 企业工会委员会是职工代表大会的工作机构，负责职工代表大会的日常工作，履行下列职责：

（一）提出职工代表大会代表选举方案，组织职工选举职工代表和代表团（组）长；

（二）征集职工代表提案，提出职工代表大会议题的建议；

（三）负责职工代表大会会议的筹备和组织工作，提出职工代表大会的议程建议；

（四）提出职工代表大会主席团组成方案和组成人员建议名单；提出专门委员会（小组）的设立方案和组成人员建议名单；

（五）向职工代表大会报告职工代表大会决议的执行情况和职工代表大会提案的办理情况、厂务公开的实行情况等；

（六）在职工代表大会闭会期间，负责组织专门委员会（小组）和职工代表就企业职工代表大会决议的执行情况和职工代表大会提案的办理情况、厂务公开的实行情况等，开展巡视、检查、质询等监督活动；

（七）受理职工代表的申诉和建议，维护职工代表的合法权益；

（八）向职工进行民主管理的宣传教育，组织职工代表开展学习和培训，提高职工代表素质；

（九）建立和管理职工代表大会工作档案。

第三节 职工代表的产生和权利义务

第二十三条 与企业签订劳动合同建立劳动关系以及与企业存在事实劳动关系的职工，有选举和被选举为职工代表大会代表的权利。

依法终止或者解除劳动关系的职工代表，其代表资格自行终止。

第二十四条 职工代表应当以班组、工段、车间、科室等为基本选举单位由职工直接选举产生。规模较大、管理层次较多的企业的职工代表，可以由下一级职工代表大会代表选举产生。

第二十五条 选举、罢免职工代表，应当召开选举单位全体职工会议，会议应有三分之二以上职工参加。选举、罢免职工代表的决定，应经全体职工的过半数通过方为有效。

第二十六条 职工代表实行常任制，职工代表任期与职工代表大会届期一致，可以连选连任。

职工代表出现缺额时，原选举单位应按规定的条件和程序及时补选。

第二十七条 职工代表向选举单位的职工负责并报告工作，接受选举单位职工的监督。

第二十八条 职工代表享有下列权利：

（一）选举权、被选举权和表决权；

（二）参加职工代表大会及其工作机构组织的民主管理活动；

（三）对企业领导人员进行评议和质询；

（四）在职工代表大会闭会期间对企业执行职工代表大会决议情况进行监督、检查。

第二十九条 职工代表应当履行下列义务：

（一）遵守法律法规、企业规章制度，提高自身素质，积极参与企业民主管理；

（二）依法履行职工代表职责，听取职工对企业生产经营管理等方面的意见和建议，以及涉及职工切身利益问题的意见和要求，并客观真实地向企业反映；

（三）参加企业职工代表大会组织的各项活动，执行职工代表大会通过的决议，完成职工代表大会交办的工作；

（四）向选举单位的职工报告参加职工代表大会活动和履行职责情况，接受职工的评议和监督；

（五）保守企业的商业秘密和与知识产权相关的保密事项。

第三十条 职工代表履行职责受法律保护，任何组织和个人不得阻挠和打击报复。

职工代表在法定工作时间内依法参加职工代表大会及其组织的各项活动，企业应当正常支付劳动报酬，不得降低其工资和其他福利待遇。

第三章 厂务公开制度

第三十一条 企业应当建立和实行厂务公开制度，通过职工代表大会和其他形式，将企业生产经营管理的重大事项、涉及职工切身利益的规章制度和经营管理人员廉洁从业相关情况，按照一定程序向职工公开，听取职工意见，接受职工监督。

第三十二条 企业主要负责人是实行厂务公开的责任人。企业应当建立相应机构或者确定专人负责厂务公开工作。

第三十三条 企业实行厂务公开应当遵循合法、及时、真实、有利于职工权益维护和企业发展的原则。

实行厂务公开应当保守企业商业秘密以及与知识产权相关的保密事项。

第三十四条 企业应当向职工公开下列事项：

（一）经营管理的基本情况；

（二）招用职工及签订劳动合同的情况；

（三）集体合同文本和劳动规章制度的内容；

（四）奖励处罚职工、单方解除劳动合同的情况以及裁员的方案和结果，评选劳动模范和优秀职工的条件、名额和结果；

（五）劳动安全卫生标准、安全事故发生情况及处理结果；

（六）社会保险以及企业年金的缴费情况；

（七）职工教育经费提取、使用和职工培训计划及执行的情况；

（八）劳动争议及处理结果情况；

（九）法律法规规定的其他事项。

第三十五条 国有企业、集体企业及其控股企业除公开第十三条、

第十四条和第三十四条规定的相关事项外，还应当公开下列事项：

（一）投资和生产经营管理重大决策方案等重大事项，企业中长期发展规划；

（二）年度生产经营目标及完成情况，企业担保，大额资金使用、大额资产处置情况，工程建设项目的招投标，大宗物资采购供应，产品销售和盈亏情况，承包租赁合同履行情况，内部经济责任制落实情况，重要规章制度制定等重大事项；

（三）职工提薪晋级、工资奖金收入分配情况；专业技术职称的评聘情况；

（四）中层领导人员、重要岗位人员的选聘和任用情况，企业领导人员薪酬、职务消费和兼职情况，以及出国出境费用支出等廉洁自律规定执行情况，职工代表大会民主评议企业领导人员的结果；

（五）依照国家有关规定应当公开的其他事项。

第四章　职工董事和职工监事制度

第三十六条　公司制企业应当依法建立职工董事和职工监事制度，支持职工代表大会选举产生的职工代表作为董事会、监事会成员参与公司决策、管理和监督，代表和维护职工合法权益，促进企业健康发展。

第三十七条　公司应当依法在公司章程中明确规定职工董事、职工监事的具体比例和人数。

第三十八条　职工董事、职工监事候选人由公司工会根据自荐、推荐情况，在充分听取职工意见的基础上提名，经职工代表大会全体代表的过半数通过方可当选，并报上一级工会组织备案。

工会主席、副主席应当作为职工董事、职工监事候选人人选。

第三十九条　公司高级管理人员和监事不得兼任职工董事；公司高级管理人员和董事不得兼任职工监事。

第四十条　职工董事、职工监事的任期与公司其他董事、监事的任期相同，可以连选连任。

第四十一条　职工董事、职工监事不履行职责或者有严重过错的，经三分之一以上的职工代表联名提议，职工代表大会全体代表的过半数通过可以罢免。

职工董事、职工监事出现空缺时，由公司工会依照本规定第三十七条的规定提出替补人选，提请职工代表大会民主选举产生。

第四十二条　职工董事依法行使下列权利：

（一）参加董事会会议，行使董事的发言权和表决权；

（二）就涉及职工切身利益的规章制度或者重大事项，提请召开董事会会议，反映职工的合理要求，维护职工合法权益；

（三）列席与其职责相关的公司行政办公会议和有关生产经营工作的重要会议；

（四）要求公司工会、公司有关部门和机构通报有关情况并提供相关资料；

（五）法律法规和公司章程规定的其他权利。

第四十三条　职工监事依法行使下列权利：

（一）参加监事会会议，行使监事的发言权和表决权；

（二）就涉及职工切身利益的规章制度或者重大事项，提议召开监事会会议；

（三）监督公司的财务情况和公司董事、高级管理人员执行公司职务的行为；监督检查公司对涉及职工切身利益的法律法规、公司规章制度贯彻执行情况；劳动合同和集体合同的履行情况；

（四）列席董事会会议，并对董事会决议事项提出质询或者建议；列席与其职责相关的公司行政办公会议和有关生产经营工作的重要会议；

（五）要求公司工会、公司有关部门和机构通报有关情况并提供相关资料；

（六）法律法规和公司章程规定的其他权利。

第四十四条　职工董事、职工监事应当履行下列义务：

（一）遵守法律法规，遵守公司章程及各项规章制度，保守公司秘密，认真履行职责；

（二）定期听取职工的意见和建议，在董事会、监事会上真实、准确、全面地反映职工的意见和建议；

（三）定期向职工代表大会述职和报告工作，执行职工代表大会的有关决议，在董事会、监事会会议上，对职工代表大会作出决议的事项，应当按照职工代表大会的相关决议发表意见，行使表决权；

（四）法律法规和公司章程规定的其他义务。

第四十五条 公司应当保障职工董事、职工监事依照法律法规和公司章程开展工作，为职工董事、职工监事履行职责提供必要的工作条件。

第四十六条 职工董事、职工监事在任职期间，除法定情形外，公司不得与其解除劳动合同。

第四十七条 职工董事、职工监事与公司的其他董事、监事享有同等的权利，承担相应的义务。

第五章 附则

第四十八条 各地区、各有关部门和各企业根据本规定制定实施办法，推进企业民主管理工作。

第四十九条 集体企业依照《城镇集体所有制企业条例》等有关法律法规规定实行民主管理。

第五十条 本规定自发布之日起施行。

中共中央纪委 中共中央组织部

国务院国有资产监督管理委员会 监察部

中华全国总工会 中华全国工商业联合会

2012 年 2 月 13 日

学校教职工代表大会规定

（中华人民共和国教育部令第32号公布　自2012年1月1日起施行）

第一章　总　则

第一条　为依法保障教职工参与学校民主管理和监督，完善现代学校制度，促进学校依法治校，依据教育法、教师法、工会法等法律，制定本规定。

第二条　本规定适用于中国境内公办的幼儿园和各级各类学校（以下统称学校）。

民办学校、中外合作办学机构参照本规定执行。

第三条　学校教职工代表大会（以下简称教职工代表大会）是教职工依法参与学校民主管理和监督的基本形式。

学校应当建立和完善教职工代表大会制度。

第四条　教职工代表大会应当高举中国特色社会主义伟大旗帜，以马克思列宁主义、毛泽东思想、邓小平理论和“三个代表”重要思想为指导，深入贯彻落实科学发展观，全面贯彻执行党的基本路线和教育方针，认真参与学校民主管理和监督。

第五条　教职工代表大会和教职工代表大会代表应当遵守国家法律法规，遵守学校规章制度，正确处理国家、学校、集体和教职工的利益关系。

第六条　教职工代表大会在中国共产党学校基层组织的领导下开展工作。教职工代表大会的组织原则是民主集中制。

第二章 职 权

第七条 教职工代表大会的职权是：

（一）听取学校章程草案的制定和修订情况报告，提出修改意见和建议；

（二）听取学校发展规划、教职工队伍建设、教育教学改革、校园建设以及其他重大改革和重大问题解决方案的报告，提出意见和建议；

（三）听取学校年度工作、财务工作、工会工作报告以及其他专项工作报告，提出意见和建议；

（四）讨论通过学校提出的与教职工利益直接相关的福利、校内分配实施方案以及相应的教职工聘任、考核、奖惩办法；

（五）审议学校上一届（次）教职工代表大会提案的办理情况报告；

（六）按照有关工作规定和安排评议学校领导干部；

（七）通过多种方式对学校工作提出意见和建议，监督学校章程、规章制度和决策的落实，提出整改意见和建议；

（八）讨论法律法规规章规定的以及学校与学校工会商定的其他事项。

教职工代表大会的意见和建议，以会议决议的方式做出。

第八条 学校应当建立健全沟通机制，全面听取教职工代表大会提出的意见和建议，并合理吸收采纳；不能吸收采纳的，应当做出说明。

第三章 教职工代表大会代表

第九条 凡与学校签订聘任聘用合同、具有聘任聘用关系的教职工，均可当选为教职工代表大会代表。

教职工代表大会代表占全体教职工的比例，由地方省级教育等部门确定；地方省级教育等部门没有确定的，由学校自主确定。

第十条 教职工代表大会代表以学院、系（所、年级）、室（组）

等为单位，由教职工直接选举产生。

教职工代表大会代表可以按照选举单位组成代表团（组），并推选出团（组）长。

第十一条 教职工代表大会代表以教师为主体，教师代表不得低于代表总数的60%，并应当根据学校实际，保证一定比例的青年教师和女教师代表。民族地区的学校和民族学校，少数民族代表应当占有一定比例。

教职工代表大会代表接受选举单位教职工的监督。

第十二条 教职工代表大会代表实行任期制，任期3年或5年，可以连选连任。

选举、更换和撤换教职工代表大会代表的程序，由学校根据相关规定，并结合本校实际予以明确规定。

第十三条 教职工代表大会代表享有以下权利：

（一）在教职工代表大会上享有选举权、被选举权和表决权；

（二）在教职工代表大会上充分发表意见和建议；

（三）提出提案并对提案办理情况进行询问和监督；

（四）就学校工作向学校领导和学校有关机构反映教职工的意见和要求；

（五）因履行职责受到压制、阻挠或者打击报复时，向有关部门提出申诉和控告。

第十四条 教职工代表大会代表应当履行以下义务：

（一）努力学习并认真执行党的路线方针政策、国家的法律法规、党和国家关于教育改革发展的方针政策，不断提高思想政治素质和参与民主管理的能力；

（二）积极参加教职工代表大会的活动，认真宣传、贯彻教职工代表大会决议，完成教职工代表大会交给的任务；

（三）办事公正，为人正派，密切联系教职工群众，如实反映群众的意见和要求；

（四）及时向本部门教职工通报参加教职工代表大会活动和履行职责的情况，接受评议监督；

（五）自觉遵守学校的规章制度和职业道德，提高业务水平，做好本职工作。

第四章　组织规则

第十五条　有教职工 80 人以上的学校，应当建立教职工代表大会制度；不足 80 人的学校，建立由全体教职工直接参加的教职工大会制度。

学校根据实际情况，可在其内部单位建立教职工代表大会制度或者教职工大会制度，在该范围内行使相应的职权。

教职工大会制度的性质、领导关系、组织制度、运行规则等，与教职工代表大会制度相同。

第十六条　学校应当遵守教职工代表大会的组织规则，定期召开教职工代表大会，支持教职工代表大会的活动。

第十七条　教职工代表大会每学年至少召开一次。

遇有重大事项，经学校、学校工会或 1/3 以上教职工代表大会代表提议，可以临时召开教职工代表大会。

第十八条　教职工代表大会每 3 年或 5 年为一届。期满应当进行换届选举。

第十九条　教职工代表大会须有 2/3 以上教职工代表大会代表出席。

教职工代表大会根据需要可以邀请离退休教职工等非教职工代表大会代表，作为特邀或列席代表参加会议。特邀或列席代表在教职工代表大会上不具有选举权、被选举权和表决权。

第二十条　教职工代表大会的议题，应当根据学校的中心工作、教职工的普遍要求，由学校工会提交学校研究确定，并提请教职工代表大会表决通过。

第二十一条 教职工代表大会的选举和表决，须经教职工代表大会代表总数半数以上通过方为有效。

第二十二条 教职工代表大会在教职工代表大会代表中推选人员，组成主席团主持会议。

主席团应当由学校各方面人员组成，其中包括学校、学校工会主要领导，教师代表应占多数。

第二十三条 教职工代表大会可根据实际情况和需要设立若干专门委员会（工作小组），完成教职工代表大会交办的有关任务。专门委员会（工作小组）对教职工代表大会负责。

第二十四条 教职工代表大会根据实际情况和需要，可以在教职工代表大会代表中选举产生执行委员会。执行委员会中，教师代表应占多数。

教职工代表大会闭会期间，遇有急需解决的重要问题，可由执行委员会联系有关专门委员会（工作小组）与学校有关机构协商处理。其结果向下一次教职工代表大会报告。

第五章 工作机构

第二十五条 学校工会为教职工代表大会的工作机构。

第二十六条 学校工会承担以下与教职工代表大会相关的工作职责：

（一）做好教职工代表大会的筹备工作和会务工作，组织选举教职工代表大会代表，征集和整理提案，提出会议议题、方案和主席团建议人选；

（二）教职工代表大会闭会期间，组织传达贯彻教职工代表大会精神，督促检查教职工代表大会决议的落实，组织各代表团（组）及专门委员会（工作小组）的活动，主持召开教职工代表团（组）长、专门委员会（工作小组）负责人联席会议；

（三）组织教职工代表大会代表的培训，接受和处理教职工代表大会代表的建议和申诉；

（四）就学校民主管理工作向学校党组织汇报，与学校沟通；

（五）完成教职工代表大会委托的其他任务。

选举产生执行委员会的学校，其执行委员会根据教职工代表大会的授权，可承担前款有关职责。

第二十七条 学校应当为学校工会承担教职工代表大会工作机构的职责提供必要的工作条件和经费保障。

第六章 附 则

第二十八条 学校可以在其下属单位建立教职工代表大会制度，在该单位范围内实行民主管理和监督。

第二十九条 省、自治区、直辖市人民政府教育行政部门，可以与本地区有关组织联合制定本行政区域内学校教职工代表大会的相关规定。

有关学校根据本规定和所在地区的相关规定，可以制定相应的教职工代表大会或者教职工大会的实施办法。

第三十条 本规定自2012年1月1日起施行。1985年1月28日教育部、原中国教育工会印发的《高等学校教职工代表大会暂行条例》同时废止。

河南省总工会关于加强职工代表队伍建设发挥职工代表作用若干制度（试行）

一、职工代表培训制度

第一条 为提升职工代表履行职责的能力，更好地代表职工参与企事业单位民主管理，制定职工代表培训制度。

第二条 培训工作在行政支持下，工会负责组织实施。

第三条 每名职工代表每年参加集中培训的时间不少于8个小时。

第四条 培训的主要内容

（一）党和政府关于加强基层民主政治建设的方针政策，民主管理在发展基层民主中的重要作用。

（二）职工代表大会、厂务公开、职工董事职工监事等民主管理制度方面的法律法规政策和相关的业务知识。

（三）职工代表的权利和义务。

（四）职工代表履行职责的基本途径和方法。

（五）企业生产经营管理的基本知识和有关情况。

（六）其他涉及劳动关系方面的法律法规。

第五条 培训的基本方法

（一）以集中培训为主要形式。

（二）以网络课堂、以会代训、自主学习为补充方式。

第六条 建立职工代表培训工作档案。

第七条 职工代表参加培训的情况记入《职工代表工作手册》。

第八条 形成培训工作评价报告，报本单位党政和上一级工会。

第九条 职工代表培训期间，按正常出勤落实有关待遇。

二、职工代表竞选制度

第一条 为探索建立产生职工代表的新机制，使职工代表的选举更好地体现广大职工的民主意愿，夯实职工代表的群众基础，制定职工代表竞选制度。

第二条 在上一级工会的指导和本单位党组织的领导下，工会负责具体组织工作。

第三条 组织报名、竞选演说、投票选举由选区负责。

第四条 选区职工（代表）大会要有应到人数的三分之二以上参加方为有效。

第五条 竞选职工代表按 20% 以上的差额比例，通过无记名投票选举产生。

第六条 竞选职工代表的基本条件

（一）依法享有政治权利，有较高政治觉悟的在职职工。

（二）能够积极参加民主管理活动，热心为职工说话办事，具有一定参政议政能力。

（三）签订劳动合同建立劳动关系，或存在事实劳动关系。

（四）在生产经营管理中发挥骨干作用。

第七条 竞选的基本程序

（一）制定方案。由工会根据相关规定制定职工代表竞选实施方案，经本单位党组织审核同意，报上一级工会。

（二）宣传发动。职工代表大会召开前，以文件、会议、公开栏等形式，向全体职工公开职工代表竞选实施方案，并积极做好动员工作。

（三）确定竞选人

1. 自竞选方案公布之日起 7 个工作日内，职工自愿报名，或由组织和他人推荐（须经本人确认）。

2. 由选区将报名人情况上报工会审核，确认报名人的竞选资格，并在选区公示。

3. 申请参加竞选人数达到应选人数 1.5 倍以上，可通过无记名投票方式，差额选举正式参加竞选的人员。

（四）竞选演说。召开选区职工（代表）大会，由竞选人在会议上发表竞选演说。职工可以对竞选人当场提问，由竞选人现场答辩。

（五）投票选举。竞选演说结束后，由全体职工（代表）对竞选人进行无记名投票选举。竞选人必须获得应到会人员的过半数以上同意方可当选。选举结果在会上当场宣布，并通过一定形式向全体职工公示。

（六）选举结果上报工会审查确认。

（七）职工代表大会代表资格审查委员会（小组）审核确定代表资格。

三、职工代表述职评议制度

第一条 为强化职工代表的责任意识，更好地代表职工有序参与管理、表达利益诉求，制定职工代表述职评议制度。

第二条 职工代表述职评议制度包括职工代表向选举单位的全体职工（代表）进行述职、接受选举单位全体职工（代表）民主评议两项内容。

第三条 坚持客观、公平、公正，有利于促进职工代表认真履职履责的原则。

第四条 述职的主要内容

（一）征集提出提案情况。

（二）职工代表大会期间，行使参与权、表决权、监督权等民主权利的情况。

（三）职工代表大会闭会期间，向职工宣传职工代表大会精神、带头执行职工代表大会决议、参与民主管理活动、完成职工代表大会交办的工作任务等方面的情况。

（四）加强自身学习，提升当好职工代表能力方面的情况。

第五条 民主评议的内容和等次

（一）民主评议包括行使权利、履行义务、执行决议、提出提案、参加活动、自身建设等方面的内容。

（二）民主评议设置优秀、称职、基本称职、不称职四个等次。

第六条 述职评议的基本程序

（一）职工代表按照述职内容，撰写述职报告。

（二）选区组织召开职工（代表）大会，应述职职工代表在大会上进行述职。因特殊原因不能到会述职的职工代表，进行书面述职。

（三）选区全体职工（代表）对述职的职工代表无记名民主评议。

（四）选区负责收集汇总民主测评结果，并以书面形式报同级党组织和上一级工会。

第七条 述职评议的组织实施

（一）工会负责制定具体方案，并派人参加各选区的职工代表述职评议活动。

（二）选区按照方案要求组织实施。

（三）职工代表述职评议工作每年进行一次。

第八条 民主评议结果的运用

（一）职工代表述职评议结果与评选优秀职工代表相结合。

（二）职工代表在民主测评中不称职率超过30%，选举单位应按照民主程序予以撤换。

四、工会联系职工代表制度

第一条 为切实加强对职工代表的管理，更加有序地引导职工代表参与民主管理活动，制定工会联系职工代表制度。

第二条 联系方式

（一）定期召开职工代表座谈会。

（二）工会干部定期走访职工代表。

(三) 就本单位的重点工作和职工关心的热点问题，对职工代表进行专题调研。

(四) 建立工会与职工代表联系的网络平台。

第三条 联系内容

(一) 宣传党的路线方针政策。

(二) 通报本单位生产经营情况、重大工作部署、与职工切身利益密切相关的重要决策，听取职工代表的意见和建议。

(三) 了解本单位重大决策执行过程中遇到的新情况、新问题。

(四) 了解职工群众的利益诉求，普遍关心的热点、焦点、难点问题。

(五) 了解职工队伍的思想状况。

(六) 了解职工代表履行职责情况，工作、思想、生活情况。

(七) 检查《职工代表工作手册》。

第四条 工作要求

(一) 掌握职工代表的工作情况。

(二) 建立联系职工代表工作台账。

(三) 协调相关部门，为职工代表履行职责创造条件。

(四) 督促职工代表自觉履行义务。

(五) 帮助职工代表解决生产生活等实际问题。

(六) 汇总职工代表反映的情况，提出处理意见，向本单位党政报告，并督促抓好落实，向职工代表反馈处理情况。

五、职工代表提案制度

第一条 为保障职工参与管理的民主权利，推动企事业单位决策科学化、民主化，建立职工代表提案制度。

第二条 职工代表大会成立提案审查委员会（小组），负责提案的整理、审查、立案、交办。

第三条 提案内容

（一）符合党的路线方针政策和国家的法律法规。

（二）有利于促进企业的改革发展稳定。

（三）属于本单位权限范围内解决的问题。

（四）重点围绕经营管理、安全生产、技术进步、收入分配、生活福利等方面提出提案。

第四条 提案格式

（一）提案应一事一案，以书面形式提出，内容包括案由、案据、建议、提案人和附议人署名等事项。

（二）提案由一名或若干名职工代表联合提出，也可以由代表团（组）提出。

（三）提案用表由职工代表大会统一印发。

第五条 立案原则

（一）经过与综合部门、业务部门共同协商，由提案审查委员会（小组）审核确认有现实操作性和可行性的问题。

（二）案由真实充分。

（三）未予立案的，可作为建议处理。

第六条 提案征集

（一）在职工代表大会召开前一个月，由工会发出征集提案通知，发放职工代表提案表格。

（二）职工代表在广泛调查研究、充分征求职工群众意见和建议的基础上，按照有关要求认真填写提案表。

（三）职工代表将提案表交工会，由工会统一转交提案审查委员会（小组）。

第七条 提案处理

（一）审查。提案审查委员会（小组）按照立案原则对提案进行审查。对内容重要、涉及面广的提案，由职工代表大会主席团或本单位党政工共同决定是否作为议题，提请大会审议；对不符合立案原则的意见和建议，转交有关部门答复；其他情况要将提案退给提案人，说明情况，交换意见后，由提案人撤回或者重提。

（二）立案。审查通过的提案，都要予以立案。立案后进行分类整理，登记入册，并通过本单位党政工协商，落实承办部门。对涉及面广、需要多部门协调解决的提案，要明确主办或牵头部门。

（三）交办。提案审查委员会（小组）指定专人负责，将提案分送有关承办部门进行处理和实施。

（四）落实。承办部门接到提案后，研究解决方案，确定责任人、承办期限和标准，填写答复处理意见，自承办之日起，最迟一个月内将处理情况反馈给提案人和工会。

第八条 提案落实情况的监督检查

（一）相关的职工代表大会专门委员会（小组）对提案办理情况进行专项检查。

（二）工会不定期通过电话、会议、实地走访等形式，检查督促提案落实情况，协调解决提案处理工作中存在的问题。

（三）将提案落实情况列入职工代表巡视检查内容，进行重点督促检查。

（四）工会督促承办部门向提案人通报提案落实进度情况，并与提案人进行沟通。

（五）提案人可随时向提案承办部门查询提案落实情况，现场了解落实进度，并向工会和承办部门提出关于落实提案的意见和建议。

（六）提案处理完毕，将提案原件反馈给提案人，由提案人签署意见，交工会存档。

（七）工会对整个提案处理情况整理汇总，向下一次职工代表大会报告。

第九条 根据工作需要，提案审查委员会（小组）可以作为职工代表大会的常设机构，负责闭会期间职工代表提案的处理工作，其办理程序可参照上述流程。

第十条 评选表彰奖励优秀提案。

六、职工代表巡视制度

第一条 为进一步发挥职工代表的监督作用，制定职工代表巡视制度。

第二条 坚持围绕促进改革发展、维护职工权益的原则。

第三条 巡视内容

（一）职工代表大会决议的落实情况。

（二）集体合同履行情况。

（三）厂务公开民主管理工作情况。

（四）劳动法律法规落实情况。

（五）安全生产和职业卫生情况。

（六）规章制度落实情况。

（七）各职能部门的工作情况。

（八）涉及职工切身利益的热点、焦点问题处理情况。

（九）其他关系生产经营管理的情况。

第四条 组成人员

（一）根据巡视内容，确定巡视人员，组成巡视组。

（二）巡视人员一般由职工代表大会各专门委员会（小组）成员和具有相关专业知识、责任心强的职工代表组成。

第五条 巡视分综合巡视和专题巡视两种形式。综合巡视一年至少定期组织一次，专题巡视可根据工作需要不定期进行。

第六条 巡视流程

（一）工会在与本单位党政协商一致的基础上，负责制定巡视活动方案，提出巡视的组成人员、内容、时间和要求。

（二）组织参加巡视的职工代表进行学习，明确巡视工作的任务和要求。

（三）按照巡视要求，现场检查。主要是听取汇报、现场察看、召开职工座谈会、查阅相关的资料和工作台账、进行个案访谈。

（四）向被巡视对象反馈结果。对巡视中发现的问题，巡视组有权督促被巡视对象限期进行整改。

（五）巡视组对巡视情况进行综合分析，归纳整理，总结经验，找出问题，提出整改建议，形成巡视报告，报本单位党政工。

第七条 巡视结果运用

（一）根据巡视中发现的问题，工会协调有关部门下达整改通知书，提出整改内容和时限。

（二）巡视组对整改情况进行复核，提出复核意见并报工会。

（三）巡视情况和整改落实情况纳入被巡视对象年度考核内容。

七、职工代表质询制度

第一条 为进一步落实职工代表的民主监督权力，帮助职工解疑释惑，引导职工参与管理，制定职工代表质询制度。

第二条 质询原则

（一）坚持促进改革发展。

（二）坚持推进基层民主政治建设。

（三）坚持维护本单位整体利益和职工群众具体利益的统一。

（四）坚持实事求是、客观公正、相互尊重。

第三条 质询内容

（一）落实职工代表大会决议、履行集体合同，以及提案办理工作中的问题。

（二）在厂务公开的形式、程序、时间、内容等方面存在的问题。

（三）涉及职工切身利益方面的问题。

（四）与领导班子建设和党风廉政建设密切相关的问题。

（五）职工群众普遍关注的热点和焦点问题。

第四条 质询程序和方法

（一）提出质询案。由10名以上职工代表联合署名提出质询案（草案），或代表团（组）书面提出质询案（草案）。质询案（草案）

应写明质询对象、质询内容和质询原因。

（二）确定质询案。职工代表大会期间，由大会主席团或本单位党政工研究审定质询案，以及质询的时间地点。职工代表大会闭会期间，由本单位党政工研究审定质询案，以及质询的时间地点。

（三）工会书面通知接受质询的部门和人员，提前做好准备。

（四）组织职工代表质询。接受质询人员应就质询案进行现场答复。

（五）质询情况报告。质询工作结束后，由工会写出专题质询情况报告，向职工代表团（组）长联席会议报告，并报本单位党政。

（六）质询结果落实。由工会负责协调督促，落实质询结果。

八、职工代表旁听重要会议制度

第一条 为进一步落实职工代表的知情权，制定职工代表旁听重要会议制度。

第二条 参与旁听的主要会议类型

（一）经理办公会、生产调度会、安全生产会、经营形势分析会。

（二）工程招标会、物资采购会。

（三）研究关系职工切身利益的会议。

（四）国有及其控股企业研究“三重一大”事项会议。

（五）其他本单位党政工认为有必要邀请职工代表旁听的会议。

第三条 确定参加旁听的职工代表

（一）每次旁听的职工代表安排2—4名。

（二）工会根据会议内容，确定旁听会议人员。

第四条 旁听代表的任务

（一）向职工群众宣传会议精神。

（二）收集职工对会议内容的意见，并向工会报告。

第五条 工会负责整理旁听代表的意见，以书面形式向本单位党政和相关职能部门反馈。

九、职工代表联系职工群众制度

第一条 为督促引导职工代表加强与职工群众的联系，更加有效地表达职工的利益诉求，制定职工代表联系职工群众制度。

第二条 联系对象为本选区的职工。

第三条 联系方法

(一) 公布联系方式，电话交流。

(二) 随机访问，面对面与职工交谈。

(三) 约请访谈，有针对性收集意见。

(四) 通过网络平台，征求职工建议。

第四条 访谈内容

(一) 执行国家劳动法律法规情况。

(二) 生产经营管理、改革发展目标、技术革新改造等方面的情况。

(三) 劳动报酬、安全卫生、保险福利、休息休假等关系职工切身利益的问题。

(四) 企业文化建设。

(五) 廉政建设情况。

(六) 职工普遍关心的其他事项。

第五条 工作要求

(一) 工会制作统一的职工代表与职工群众联系卡。

(二) 职工代表每月随机访谈职工不少于3人。

(三) 职工代表根据收集的情况填写联系卡，做好工作记录，建立工作台账。

(四) 职工代表每季度对收集的情况进行整理汇总，并上报工会。

(五) 工会每季度对职工代表的工作台账进行一次检查。

第六条 成果运用

(一) 工会负责整理职工代表上报的情况，向相关的职能部门反馈，并报本单位党政。

（二）职能部门应当在一个月以内将处理情况以书面形式向工会反馈，并由工会负责转送职工代表。

（三）职工代表负责把处理情况向接受访谈的职工反馈。

（四）访谈情况可作为职工代表提案的重要参考。

（五）职工代表联系职工群众工作的情况列入评选优秀职工代表的重要条件。

十、民主恳谈会制度

第一条 为广纳群言，增强合力，构建和谐劳动关系，凝聚发展共识，依法有序开展劳资双方平等对话，促进科学决策、民主决策，制定民主恳谈会制度。

第二条 由行政和工会协商确定召开民主恳谈会。

第三条 恳谈内容

（一）有关生产经营管理情况。

（二）有关企业文化建设情况。

（三）有关职工劳动报酬、工作时间、休息休假、劳动安全卫生、保险福利、职工培训、劳动纪律、劳动定额标准等直接涉及职工切身利益的事项。

（四）有关企业管理人员工作作风、管理方式方法等问题。

第四条 工会与行政方协商，确定恳谈议题。

第五条 坚持相互尊重、平等对话，开诚布公、广开言路，双向交流、良性互动的原则。

第六条 参加人员

（一）行政方代表，根据恳谈会内容，由行政方确定参加的企业领导人员和中层正职管理人员。

（二）职工代表，由工会根据需要确定。

第七条 时间安排

（一）一般每季度召开一次，具体时间由工会与行政协商确定。

（二）恳谈会的主要议题、时间，在民主恳谈会召开的 7 个工作日前，通过厂务公开栏或其他形式向职工公开。

（三）本单位临时性重大问题，可随时组织民主恳谈活动。

第八条 恳谈会结束后，工会将恳谈情况整理成书面材料，向本单位党政报告，并通过厂务公开栏等形式向职工公开。

第九条 民主恳谈会的活动记录及照片、影像资料等由工会收集、整理，归档立卷。

山西省职工（代表）大会八项制度

召开职工（代表）大会会前向上级工会报告制度

为了规范运行职工（代表）大会各项程序，切实提高会议质量，进一步发挥上级工会对所属企事业单位职工（代表）大会的指导监督作用，特制订召开职工（代表）大会会前向上级工会报告制度。

一、召开职工（代表）大会会前报告的程序和内容

（一）报告时间和形式。

企事业单位召开职工（代表）大会前，须提前 15 天向上一级工会组织以书面形式报告。

企事业单位召开职工（代表）大会（含临时或专项职工代表大会），须由本单位工会或职工（代表）大会筹备委员会（小组）于会前 15 天向上一级工会组织报告。报告内容一般应包括：

1. 会议召开的时间及会标；

2. 会议议程；

3. 行政工作报告；

4. 拟讨论、审议、通过或决定的方案、议案、事项、内部重要规章制度等；

5. 重要议案、方案是否提前公开以及职工讨论和征求意见情况；

6. 企事业改制破产时，改制破产方案和涉及职工切身利益的安置方案是否提前公开并向职工代表征集意见，征集意见要达 80% 以上；

7. 职工代表比例、资格审查及结构情况；

8. 其他与会议召开程序相关需报告的事项。

（二）报告回复。

上级工会组织收到所属基层企事业单位工会或职工（代表）大会筹备委员会（小组）“××单位关于召开职工（代表）大会的报告”后，应认真审查报告的内容，作出同意召开的批复，并就不符合有关规定之处提出修改、调整的意见，必要时应直接深入基层予以具体指导处理。上级工会一般应于接到报告3个工作日内按公文管理要求编号发文回复报告单位。上级工会组织未在规定时间内按规定方式回复的，视为对企事业单位报告内容无异议且同意开会。

（三）报告建档。

企事业单位工会要建立健全职工（代表）大会文件资料档案管理制度。上一级工会组织对下一级工会上报的职工（代表）大会报告的书面批复意见也要建立健全档案资料，以备查用。

二、上级工会对所属基层企事业单位召开职工（代表）大会指导监督的内容

上级工会组织对所属基层企事业单位召开职工（代表）大会（含临时或专项职工代表大会）应给予认真细致的审查、指导和监督。审查、监督指导的内容一般应包括：

1. 职工（代表）大会各项程序是否规范；

2. 职工代表的比例结构、资格是否符合规定；

3. 职工（代表）大会各项职权是否落实（即行政工作报告、企业年度计划、重大技术改造方案等的审议建议权，工资调整方案、奖金分配方案、奖惩办法、重要规章制度的审查同意或否决权，涉及职工切身利益的重大事项的审议决定权，对企业领导干部民主评议监督权，企业高层管理人员、职工董事监事的选举权）；

4. 企业改制方案和职工安置方案以及涉及职工切身利益的重大方案通过时是否采取无记名投票表决方式；

5. 职工（代表）大会的议程中是否有三个报告（即本次职代会提案答复报告和上次职代会提案落实情况的报告，集体合同履行情况的报告，业务招待费报告）；

6. 职工（代表）大会是否与工会会员代表大会或本单位工作会等会议合并召开（如合并召开必须分段进行）；

7. 会议中临时发生的其他问题等。

三、职工（代表）大会报告制度实行分级报告制

召开职工（代表）大会向上级工会报告制度实行分级管理，下管一级，逐级负责制。上级工会组织要切实履行工作职责，积极引导、指导和监督所属企事业单位落实职工（代表）大会向上级工会报告制度的相关要求。特别是企业改制破产时需要在职工（代表）大会上审议通过改制破产方案、审议表决通过职工安置方案时，主管产业（部、委、局）工会和上级地方总工会应派员参加会议并全程把关、指导监督。

四、建立召开职工（代表）大会向上级工会报告制度的考核通报制

要将职工（代表）大会报告制度纳入民主管理工作的日常考核范围内，对于企事业单位不执行职工（代表）大会报告制度，且不按有关规定和程序召开职工（代表）大会的单位，上级工会要给予通报批评，并限期改正。

职工（代表）大会议案预告制度

为了认真贯彻《山西省企业民主管理条例》，规范运行职工（代表）大会各项程序，充分发挥职工代表的参政议政作用，切实保证职工的知情权、参与权，进一步提升职工代表大会质量和实效，特制定职工（代表）大会议案预告制度。

一、组织领导

由企事业单位工会负责组织安排议案预告的各项工作。

二、议案预告程序

1. 企事业单位工会负责收集整理准备在职工（代表）大会通过的各项议案。议案包括：行政工作报告、企业年度计划、长远规划、经营方针、基本建设方案、职工培训计划、留用资金分配和使用方案、重大投资和技术改造方案、承包和租赁经营责任制方案、改制重组破产方案、工资调整方案、奖金分配方案、安全生产和劳动保护措施奖惩办法、重要规章制度、集体合同草案、经济性裁员方案、职工安置方案、公益金和福利基金使用方案、职工住宅分配方案以及涉及职工切身利益的重大事项等，并报本单位党政同意。

2. 在召开职工（代表）大会前7至10天将职工（代表）大会议案印发到每一个职工代表手中，并由职工代表向本选区职工广泛征求意见。

3. 工会收集整理各选区职工对议案的修改意见和建议，报党政研究。

4. 根据收集整理的职工对议案的意见和建议，对议案进行修改定稿。

三、基本原则

1. 真实性原则。准备在职工（代表）大会上通过的议案必须真实地告知各个职工代表。每个职工代表必须真实反映本选区职工的意见。

2. 及时性原则。职工（代表）大会召开前7至10天必须将议案印发至每个职工代表手中，让职工代表有充足的时间广泛征求本选区职工的意见。

如发现有不按本规定在召开职工（代表）大会前未实行议案预告的单位，上级工会要给予通报批评并限期改正。

职工代表竞选制度

为了进一步推进企事业单位民主政治建设，落实党的全心全意依靠工人阶级的指导方针，不断增强职工代表的责任感、使命感，进一步提升职工代表的综合素质和参政议政的能力，确保职工代表履行好自己的权利和义务，高质量完成职工（代表）大会的各项任务，特制定职工代表竞选制度。

一、职工代表竞选的领导机构

1. 职工代表竞选工作要在本单位党组织（党委、党总支或党支部）的领导下，成立职工代表竞选领导组，（党委、党总支或支部）书记任组长，成员由单位行政领导、工会主席和职工代表组成。领导组要认真研究，统一安排组织实施竞选工作。

2. 职工代表竞选要在本单位所在选区的职工大会上进行。职工代表竞选工作要做到“公开、公正、公平”，要增强透明度，严禁“暗箱操作”。

二、职工代表竞选条件

1. 认真贯彻党的路线、方针、政策，具有一定的政治觉悟和政策水平。自觉遵守国家法律、法令和企业各项规章制度，作风正派，能密切联系职工。思想解放，勇于创新，有较强的事业心和责任感，积极支持并参与企业各项改革发展工作。

2. 具有大局观念，关心本单位的改革、发展、稳定，积极参加本单位的各项民主管理活动，主人翁意识强，关心集体，热爱企业，具有一定的参政议政能力，在生产工作中起模范带头作用。

3. 在职工中有一定的威信，大公无私、办事公道，敢于坚持原则，敢于代表和维护职工的合法权益，热心为职工说话办事，能正确反映职工的意愿和要求。

4. 能认真贯彻执行职工（代表）大会的各项决议，认真完成好职工（代表）大会交办的各项任务，能向群众宣传和落实职工（代表）大会的精神。

5. 具有高中以上文化程度，具有较高的文字写作能力和语言表达能力，具有一定的业务知识和技术水平。

三、职工代表竞选范围

1. 依法享有政治权利并与企事业单位建立劳动关系的职工（包括

固定工、合同制工人、农民工等），符合职工代表竞选条件的均可报名参加职工代表竞选。

2. 集团公司领导、工会主席、部分党政部门领导可作为代选代表下派到车间科室等选区选举产生。

3. 其余各级领导干部、科技人员、管理人员、职工等均参加职工代表竞选。

四、职工代表竞选程序

1. 宣传发动：企事业单位要充分利用新闻媒体、板报和各种会议，大力宣传职工代表竞选的重大意义和具体要求，提高各级领导干部和职工代表的思想认识，端正态度，积极支持和参与竞选工作。

2. 报名：凡是符合职工代表竞选条件的干部、职工，均可向本单位职工代表竞选领导组报名并填写自荐登记表。

3. 资格审查：职工代表资格审查委员会应严格按照竞选范围和条件，对报名的竞选者进行资格审查，发现有违法违纪的取消竞选资格，审查情况报公司工会审批。

4. 公示：公司工会审批后，由各单位职工代表竞选领导组将审批后的报名人员基本情况在厂务公开栏中公示，也可设意见箱、举报电话，广泛征求职工的意见，公示时间不少于7天。

5. 职工代表竞选演讲内容：我为什么要当职工代表；我当职工代表的有利条件；我当选为职工代表后怎样履行好职工代表的权利和义务等。

6. 选举：职工代表竞选领导组组织召开各选区职工大会进行选举。选举时，职工实到会人数必须是应到会人数的三分之二以上方可进行选举。竞选职工代表的人员在大会上进行竞选演讲和回答职工的提问，参加会议的职工根据竞选人员的演讲和答辩情况采用无记名投票方式进行选举，当场公布选举结果。竞选的职工代表得票数必须是应到会人员过半数以上方可当选。各单位职工代表竞选领导组根据工会分配的代表名额，按照得票数从高到低，当场公布职工代表当选结果。

7. 上报：各单位职工代表竞选工作结束后，报党委、总支、支部审核，并报公司工会备案。

职工（代表）大会“票决制”

为贯彻落实好《山西省企业民主管理条例》，切实提高职工（代表）大会的质量，充分发挥职工（代表）大会在推进基层民主政治建设中的作用，为职工参政议政、自主表达意愿提供平台，体现职工代表的真实意愿，真正落实职工（代表）大会是企事业单位民主管理的权力机构，特制定职工（代表）大会“票决制”。

一、适用范围

企事业单位对事关本单位发展的重大决策和涉及职工切身利益方案的表决，要在职工（代表）大会上采用无记名投票表决的形式通过。

二、基本原则

1. 客观公正原则。在票决中，对票决议案认真审议，确保职工代表能更加客观、公正地评价每个票决议案。

2. 逐案酝酿原则。对票决议案实行逐案讨论酝酿，使职工代表了解每个票决议案，能真实地反映职工代表对每个票决议案的评判意愿。

3. 一人一票原则。对一个票决议案，投票人只能投一票，不得代替他人投票。

4. 唯一意愿原则。投票人对同一票决对象，只能选择“同意”或“不同意”或“弃权”作为唯一意愿。对同一票决议案表达两种以上意愿的视为无效票。不表达意愿的视为弃权。

5. 超过半数原则。实到会代表必须是应到会代表的三分之二以上才能召开大会，表决时必须是应到会代表的半数以上同意才能有效。

三、票决程序

1. 会议主持人报告出席会议的有表决权的正式代表人数。

2. 民主推荐监票人、计票人。

3. 监票人、计票人员领取、发放表决票。

4. 会议主持人详细说明表决票填写方法。

5. 职工代表填写表决票。

6. 依次投票后，监计票人员清点收回表决票张数（如收回表决票多于发出的表决票，本次投票无效，应重新进行投票），并当场进行统计、汇总。

7. 监票人报告计票结果。

8. 会议主持人宣布票决结果。

9. 监票人、计票人在票汇总表上签名，连同表决票交职代会工作委员会封存。

10. 职工（代表）大会根据票决结果形成大会决议。

职工代表述职评议制度

为贯彻落实《山西省企业民主管理条例》，切实提高职工代表的责任心和使命感，加强对职工代表的管理，密切职工代表与本单位职工群众的联系，自觉接受职工群众的监督，提高职工代表大会质量，深化企事业单位民主决策、民主监督、民主管理工作，特制定职工代表述职评议制度。

一、职工代表述职评议领导机构

1. 企事业单位成立职工代表述职评议工作委员会。委员会由党委、工会、组织部、纪委、职工代表等组成，委员会主任由工会主席担任，工会具体负责整个民主评议工作的开展。

2. 职工代表述职评议工作委员会成员由工会提名，报党委审查同意，经职工代表大会民主选举产生。

3. 职工代表述职评议工作委员会接受职工（代表）大会领导，对职工（代表）大会负责。

4. 职工代表述职评议工作委员会成员任期与公司职工（代表）大会同步换届选举。

5. 上级工会要派人到现场视察、指导、监督评议任务完成。

二、职工代表述职评议原则

1. 对被评议的职工代表要坚持全面、客观、公正评议原则，注重实绩，认真负责，防止简单化和片面性。

2. 要从爱护职工代表入手，以评议职工代表的工作实绩为主，帮助职工代表不断提高政策水平和参政议政能力，进一步调动他们参与民主管理工作的积极性。

3. 对经过评议优秀票占多数的职工代表要进行表彰和奖励；对经过评议称职票达到90% 以上的职工代表，本单位职工代表述职评议领导组可向公司职工代表述职评议委员会推荐给予年度表彰奖励；对经过评议不称职票高于30% 以上的职工代表，本单位职工代表述职评议领导组可作出撤换的决议，并按照规定的民主程序补选职工代表。

三、职工代表述职评议的范围

职工代表述职评议范围是指通过竞选当选为职工（代表）大会的正式代表。

四、职工代表述职内容

1. 职工代表在参加职工（代表）大会讨论审议重大决策、决定和涉及职工切身利益重大事项中做了哪些工作。

2. 职工代表在宣传贯彻职工（代表）大会精神，落实职工（代表）大会决议方面做了哪些工作。

3. 职工代表在广泛发动职工群众，积极征集和收集职工提案中做了哪些工作。

4. 职工代表在公司职工（代表）大会闭会期间，参与民主监督、民主管理活动中做了哪些工作。

5. 职工代表在巡视检查活动中，是否及时把身边职工反映强烈的热点、难点、重点问题反映上来，为领导正确决策当好参谋。

6. 职工代表在监督本单位搞好厂务公开、事务公开中做了哪些工作。

7. 职工代表在维护职工合法权益，敢于向损害国家、集体、职工利益的行为作斗争中做了哪些工作。

五、职工代表述职评议程序

1. 由本单位职工代表述职评议领导组于会前15日向被评议的职工代表发出通知。

2. 被评议的职工代表根据通知精神，认真写出述职报告。

3. 被评议的职工代表在职工代表大会或职工大会上向参会人员述职。

4. 职工代表大会或职工大会参会人员听取职工代表述职后，以无记名方式对被评议职工代表进行评议。评议时发给职工代表（职工）测评表，测评表分优秀、称职、不称职。

5. 职工代表述职评议领导组根据大会选出的监票员、计票员所汇总统计的评议结果，当场向全体参会人员公布评议结果。

职工代表巡视检查制度

为了充分发挥职工代表在职代会闭会期间的参政议政作用，组织职工代表开展巡视检查活动，保证职工（代表）大会决议、决定的落实，从形式上拓宽职工代表参与企业管理的渠道和途径，特制定职工代表巡视检查制度。

一、组织领导

1. 成立巡视小组，要有团（组）长、副团（组）长、成员等若干人组成，正副团（组）长由工会主席、副主席担任，成员为职工（代表）大会专门工作委员会成员、有关方面职工代表以及少数劳模、特邀代表。巡视小组成立后，要制定巡视计划。巡视员必须具备较强的处理问题能力和较高的政策水平。

2. 巡视员实行非常任制，每次巡视一项或几项任务，巡视任务完成即自行解散。

3. 职工代表巡视活动所占用的生产、工作时间，按正常出勤对待。

4. 职工代表巡视检查团（组）办公室设在工会。

二、巡视检查的内容

1. 职工（代表）大会精神的贯彻落实情况。

2. 职工（代表）大会决议和提案的落实情况。

3. 广大职工关注的热点、难点、重点问题。

4. 安全生产、经营管理、多种经营、项目投资及为职工办实事情况等。

三、巡视检查的具体步骤

1. 巡视检查由工会牵头并组织负责实施。

2. 在组织巡视前，应向党政书面汇报巡视方案，取得党政的支持。

3. 根据工作需要或领导安排，巡视检查要以定期、不定期及抽查的方法进行，可以分组、分类、分专业进行，一次可以进行专项巡视检查，也可以全面进行。

4. 巡视检查组巡视时要坚持听汇报、看资料、找问题、查现场、座谈相结合的方法，进行综合了解。

5. 巡视检查结束后，每个代表都要写出巡视检查的意见或建议，交工会汇总。

6. 有关部门和单位对巡视检查团提出的问题，要慎重对待，认真整改，整改完毕后，要及时写出报告上交党政工领导。

7. 每次巡视结束后，工会要及时写出总结报告，供党政领导参阅，并向下次职代会或联席会报告。

8. 职工代表巡视检查一般为每年两次至四次，根据本单位工作需要可增加或减少。

职工代表培训制度

为了推动党的全心全意依靠工人阶级指导方针更好贯彻落实，进一步提高职工代表参政议政的能力和水平，增强职工代表的责任感和使命感，提高职工代表素质，使职工代表在主动维权、依法维权、科学维权中更好地行使民主权利，特制定职工代表培训制度。

一、职工代表培训的组织领导

1. 职工代表培训要在企事业单位党委的领导下，行政按规定给予职工教育培训费，工会负责组织职工代表培训。

2. 要把职工代表培训工作纳入企事业单位职工教育工作总体规划，在培训场地、培训时间及培训所需要的物资等方面给予支持和保障。

3. 要建立职工代表培训奖励制度。

二、职工代表培训的基本要求

1. 凡是民主选举产生的职工代表应全部进行一次岗前应知应会知识培训。每次召开职工（代表）大会前组织一次培训。届中增补替补的职工代表和换届改选的职工代表经过培训后要进行考试，考试合格发给合格证或代表证。

2. 职工代表每年培训的时间应不少于 8 个学时，培训后应进行必要的考试或考核。职工代表培训期间按正常出勤对待。

3. 职工代表培训必须采取实名制管理，对职工代表的基本情况、接受培训、因故补训和评估考核等进行登记造册，建立和完善职工代表培训工作档案和管理制度。

4. 职工代表培训工作结束后，要形成书面材料，及时报送上级主管部门。

5. 参加培训的职工代表要建立考勤档案，按规定存档。因事不能参加培训的要补课。对无故不参加培训的职工代表要批评教育，情节严重的取消职工代表资格。

三、职工代表培训的内容和方式

职工代表培训内容：

1. 党和国家有关发展社会主义民主政治、加强基层民主建设的方针政策。

2. 职工代表大会制度、厂务公开制度、职工董事监事制度等民主管理制度以及有关法律法规。

3. 涉及劳动关系方面的有关法律、法规和规范性文件。

4. 企业经营管理、物资采购、工程招投标等方面的知识。

5. 加强主人翁意识和如何参政议政方面的教育，职工代表的权利和义务。

6. 职代会将要通过的重要事项、重大决策和有关职工切身利益的文件。

职工代表培训的方式：

可以采取集中培训、分片分类分期培训、函授培训、网络培训、以会代训、自学与集中辅导相结合等灵活多变的形式。培训方式应结合本单位和职工代表本岗位的实际，认真制定培训计划，精心组织，注意培训工作质量和效果，克服培训工作上的形式主义。

上级工会组织要加强对所属企事业单位职工代表培训工作的指导和服务，建立和完善职工代表培训工作的监督检查、评估考核和通报制度，把职工代表培训工作融入到厂务公开民主管理制度和机制建设之中，促进职工代表培训工作的制度化、规范化。定期举办职工代表师资培训班，为各企事业单位职工代表培训提供师资保证。及时研究和解决各企事业单位在职工代表培训工作中遇到的新情况、新问题。要加强调查研究，认真总结经验，推广典型、加强交流、表彰先进，推动职工代表培训工作的不断创新发展。

职工代表津贴制度

为了贯彻落实好《山西省企业民主管理条例》，增强职工代表的责任心和使命感，充分调动职工代表的积极性，激励职工代表认真履行好权利和义务，特制定职工代表津贴制度。

一、职工代表津贴发放对象

企事业单位的正式职工代表。

二、职工代表津贴发放办法

1. 根据各企事业单位实际情况，每人每月以现金的形式发给职工代表津贴。

2. 工会每月造册登记，行政按册拨款，工会及时发放。

三、职工代表津贴发放的考核办法

1. 各企事业单位职工代表津贴发放、考核、管理工作由工会负责。

2. 职工代表要积极参加公司职工代表大会，无故不参加者，当月不发津贴。

3. 职工代表要积极参加公司职工代表大会及其工作机构组织的各项活动，无故不参加者当月不发津贴。

4. 在职工代表述职评议中，测评不合格票多的职工代表减少津贴，不合格票超过30%的停发津贴。

各省（自治区、直辖市）职工代表大会条例一览表

（扫描二维码查看相关内容）

省份	二维码
新疆维吾尔自治区职工代表大会条例	
山东省企业职工代表大会条例	
江西省职工代表大会条例	
云南省职工代表大会条例	
黑龙江省企业事业单位职工代表大会条例	
湖南省职工代表大会条例	
四川省职工代表大会条例	
西藏自治区职工代表大会条例	
上海市职工代表大会条例	
甘肃省职工代表大会条例	

主要参考文献

［1］李玉赋主编：《基层工会组织建设与企业民主管理工作概论》，北京：中国工人出版社，2018 年。

［2］中华全国总工会：《工会职工民主管理工作概论》，北京：中国工人出版社，2013 年。

［3］中华全国总工会民主管理部编写：《企业民主管理规定》，北京：中国工人出版社，2012 年。

［4］中华全国总工会民主管理部编写：《职工代表培训教材》，北京：中国工人出版社，2015 年。

［5］中华全国总工会基层工作部编：《企事业单位民主管理工作文件汇编》，北京：中国工人出版社，2018 年。

［6］刘元文编著：《职工民主管理理论与实践》，北京：中国劳动社会保障出版社，2007 年。

［7］李军燕编著：《职工代表培训教程》，北京：中国言实出版社，2015 年。

［8］戴庆宝著：《如何做好职代会提案工作》，北京：中国工人出版社，2014 年。

［9］张宝刚著：《如何做一名合格的职工代表》，北京：中国工人出版社，2014 年。

［10］张安顺编著：《怎样当好职工代表——新编职工代表培训教材》，北京：中国言实出版社，2014 年。

[11] 赵振洲、刘永青编著：《怎样当好一名职工代表》，北京：中国言实出版社，2012 年。

[12] 宋敬湧编著：《新编职工代表实用简明教程》，北京：研究出版社，2012 年。

[13] 戴文宪编著：《新编企业职工代表实务培训教程》，北京：红旗出版社，2009 年。

[14] 戴文宪、马世文著：《新编“职代会”“工代会”实务操作手册》，北京：红旗出版社，2009 年。

[15] 朱超、张宝刚编著：《事业单位职工代表专用培训教材》，北京：红旗出版社，2007 年。

[16] 蒋达祥主编：《职工代表学习问答》，北京：中国工人出版社，2005 年。

[17] 张举编著：《怎样当一名合格的职工代表》，中国言实出版社，2016 年。

[18] 张举、王慧编著：《怎样当好新时代职工代表》，人民日报出版社，2019 年。

后　记

《怎样当好职工代表》第一版自2016年出版后，受到了全国各地工会干部和职工代表的欢迎。与其他职工代表培训类教材相比，本书最大的特色是从职工代表履职角度，以问答体的形式，通过大量的案例介绍，阐述了职工代表履职的基本知识、角色职责、工作方法、注意事项、组织保障等内容。这次修订删去了部分理论阐述，调整改写了部分内容，力图使语言更加通俗易懂，同时补充和更新了案例材料，使本书的可读性更强，案例更具可借鉴性。希望本书的再版能得到广大读者的认可，同时也期待读者能提出更多好的意见和建议，以便在今后的修订中得以完善。

本人从事工会与职工民主管理工作已有十多年，不论是承担理论研究，还是参与地方职代会立法，以及推进企事业单位职代会制度建设工作，最大的感受是：民主不是一个空洞的事物，而是和每个人的利益息息相关；既然有了利益之争，就会出现各种不稳定与不和谐因素；民主的本质是协商与制约，并努力达成共识，使各方的利益找到一个相对平衡点。我国职工民主管理的基本形式是职代会，作为一种代议制的民主制度，这一制度的优越性主要体现在以少数服从多数为基本原则，通过规范的民主程序体现公正、公平，并尊重多数人的意愿，有效协调不同利益群体的矛盾；但是，民主往往需要外力的推动和引导，而且只有让公开、公正的理念和元素真正融入管理文化中，成为管理者的一种自觉意识，民主才有真正的生命力。这一过程，由于并非自发，因而不能急于求成，需要循序渐进，逐步实现。民主是一个好东西，是社会发展的要求所在，需要我们每一个人积极地参与，不懈地追求，使民主的效能尽力释放出来。

民主可以在不同层面以不同形式加以推进和落实。职代会为职工参与企事业单位管理提供了一个具有中国特色的制度平台。职工代表是职代会的参与主体，职代会制度的实效需要每个职工代表的主动参与，并发挥应有的作用。作为职工代表，要珍惜担任职工代表的机会，不辜负选区职工的期望，积极履职，在促进企事业单位发展的同时，维护好职工的合法权益与合理利益，进而推动我国基层民主政治的发展。

本人在编写这本书时，力图体现工作指导性和知识实用性的双重特性，希望本书能对职工代表履职有较高的参考价值。但由于水平有限，书中难免有疏漏和不当之处，敬请各位读者批评指正。本书在编写过程中，参考了诸多前辈的著作资料，并引用了部分单位的案例材料，在此一并致以诚挚的谢意！

王珍宝

2019 年春